부동산
공매의 정석

KB192345

일러두기
이 책은 2024년 10월 출간일 현재 부동산 세법을 기준으로 하여 집필되었습니다.

나땅, 빌리언의 한 권으로 끝내는

부동산 공매의 정석

이소라·김헌곤 지음

한국경제신문

나는 공매로 부자가 되기로 했다

| 나땅 |

◎ 껍데기를 벗고서

현실적으로 우리는 평생 노동을 하며 살 수 없다. 언젠가는 노동 없이 소비만 하고 살아가야 하는 시간이 반드시 온다. 현재 소득으로 오늘의 삶도 겨우 유지가 된다면 내일이 불안할 것이다. 지금 힘들고 버거운 것은 어쩌면 이 상태가 계속 유지될 때 희망이 없기 때문이다.

노후를 보내려면 10억 원이 필요하다는 이야기를 들은 적이 있을 것이다. 금융 상품 광고에 자주 나오는 문구이기도 하다. 한 달에 100만 원 저축하는 것도 힘든데 언제 10억 원을 모을까? 10억 원을 모은다 해도 안타까운 것은 노후를 준비하느라 평생 '짠테크'만 하거나 소득이 없으니 노후에도 절약만 하며 살아야 한다는 점이다. 그러니 조금이라도 젊을 때 부자가 돼야 한다.

노후에는 젊을 때 모은 돈을 쓰기만 하면서 사는 것이 아니라 자산에서 나오는 소득으로 살아가야 한다. 평생 모아놓은 곡식을 먹으면서 사는 것이 아니라 유실수를 심어 그 열매를 먹으면서 살아가는 것이다. 30세부터 60세까지 30년을 쉬지 않고 일한다 해도 나머지 40년 동안 쓸 돈을 저축하기란 매우 어렵기 때문이다.

흔히들 부동산 투자를 불로소득이라고 하지만, 자산으로 소득을 만들겠다고 마음먹는 순간 여러분은 같은 시공간을 살아도 다른 것을 보고 다른 생각을 하게 될 것이다. 삶에는 변곡점이 있다. 새로운 방향으로 조금만 발걸음을 틀면 시간이 흐르고 난 뒤 전혀 다른 장소에 도착해 있는 자신을 발견하게 되는 것이다.

세상에는 돈을 버는 여러 가지 방법이 있다. 무엇 무엇을 해서 돈을 벌었다는 사람도 많다. 그런데 사업을 시작하기에는 위험 부담이 크고 시간이 모자란다. 실패할 가능성도 꽤 높다. 부동산 투자는 생업을 유지하면서 병행할 수 있는 최고의 부업이다. 부동산 투자를 하겠다고 마음먹은 것, 그중에서도 공매 투자를 해보겠다고 마음먹은 것은 여러분의 삶에 하나의 변곡점이다. 새로운 생각을 하고 다르게 행동을 하면 삶의 방향이 달라진다.

보통 부동산 투자를 생각하고 가장 먼저 접하는 것이 경매다. 경매 공부도 상당한 노력과 시간이 필요하다. 그렇게 권리분석도 열심히 공부하고 실제로 입찰도 해보았지만 낙찰가가 기대치보다 높아 매력을 느끼지 못했다면 공매를 추천한다. 생업에 바쁜 시간을 쪼개 법원에 가지 않아도 되는 것은 덤이다.

법원 경매에서는 시세의 90% 정도에 낙찰이 된다면 공매는 보통 85% 정도에 낙찰된다. 비슷한 조건일 때 공매가 좀 더 저렴하다. 투자자들이 경매보다 공매에서 더 큰 수익을 기대하기 때문이다. 공매 절차에 대한 수고스러움과 명도에 대한 부담이 그 이유인데, 공매는 세금 체납이 있는 경우 배분이 까다롭다. 또한 낙찰 이후 점유자가 이사를 나가지 않는 최악의 경우 명도소송으로 내보내야 한다. 이런 단점에도 불구하고 공매는 ① 경매보다 낮은 금액에 낙찰되고 ② 인터넷으로 입찰하며 ③ 명도의 부담이 없는 물건도 있다.

경매보다 낮은 금액에 낙찰되고 인터넷으로 입찰하는 것은 엄청난 메리트다. 생업을 유지하면서도 새로운 일에 도전해볼 수 있기 때문이다. 공매 투자를 하기 위해 지금 하는 일을 그만두어야 한다면, 수익이 나기까지 온 가족의 삶을 담보로 투자를 해야 한다. 여러분은 직장에 다녀와서 여가시간을 투자해 새로운 미래를 만들어나갈 수 있다. 처음 생각처럼 잘 풀리지 않는 시간이 오더라도 큰 고통 없이 일상을 살아갈 수 있다.

가재가 허물 벗는 것을 본 적이 있는가? 천적으로부터 몸을 보호해주는 단단한 껍질 안에서 편안하게 살아가지만, 어느 순간 껍질 크기 이상으로 몸이 자라지 못해 답답해진다. 이때 선택을 해야 한다.

부동산 공매의 정석

답답하지만 그럭저럭 지낼 만한 현재 상황을 유지할 것인지, 아니면 리스크가 있어도 새로운 껍질을 만드는 성장을 할 것인지. 여러분이 이 책을 선택했다는 것은 더 큰 껍질을 만들고 싶은 마음이 있다는 이야기다. 가재는 새로운 껍질을 준비하기로 했다고 해도 원래 껍질을 바로 벗어버리지 않는다. 단단한 원래의 껍질 안에서 새로운 껍질을 준비하고, 어느 정도 준비가 되면 헌 껍질을 버리고 새로운 껍질을 가지고 나온다.

현재의 소득과 자산 규모에서 더욱 큰 소득으로 가려는 우리도 비슷한 과정을 겪는다. 이미 하고 있는 일을 하면서 지식을 습득하고 도전하고 준비해서 새로운 소득으로 넘어가는 것이다. 가족의 삶을 위험에 빠뜨리지 않고 부자가 되는 데 공매 투자보다 더 좋은 방법은 없다.

⊚ 두려우면 지고 설레면 이긴다

공매는 압류재산 공매와 그 외의 공매로 나뉜다. 압류재산 공매는 권리분석이나 시스템이 경매와 흡사하다. 그 외의 공매는 기관에서 공개 매각하는 것이라 조건이 다 다르고 절차가 일반 매매와 비슷하다. 경매 공부를 이미 했다면 압류재산 공매의 80% 이상은 알고 시작하는 셈이다. 여기에 경매와 다른 몇 가지만 더 체크하면 된다. 그 외의 공매는 공공기관 사택 같은 공유·국유 재산 매각으로, 한국자산관리공사(KAMCO, 캠코)의 중개로 매수하는 것이다.

이 책에는 적은 종잣돈으로 자산을 일궈간 구체적인 경험담이 실려 있다. 하나하나 따라가다 보면 스스로 공매 입찰을 할 수 있게 될 것이다. 공매는 학문이 아니라 기술이기 때문에 직접 해보지 않고 눈으로만 훑어본다면 장황하게 느껴지고 머릿속만 복잡해진다. 운전을 배우는 것과 비슷하다. 운전면허를 따고 처음 운전을 할 때는 두렵고 어렵지만 점차 편안해지는 것처럼, 공매 절차도 그렇다. 책에서 읽은 내용을 그냥 넘어가지 말고 반드시 온비드 창을 열어 직접 해보는 과정이 필요하다.

무언가를 시작할 때 우리는 실패할까 봐 두렵다. 새로운 도전을 하고 성공하고 싶다는 욕망과 실패해서 더 힘들어지면 어쩌나 하는 걱정 사이에서 방황한다. 성공하고 싶은 마음이 두려움보다 커야 도전할 용기가 생긴다. 그 용기는 어쩌면 지독한 가난의 설움이나 결핍의 고통에서 생겨나는지도 모른다. 한 치 앞을 모르는 가시밭길 같은 공매 투자의 길을 묵묵히 갈 수 있는 용기는 뒤에 불바다가 있을 때 생기는 것이 아닐까 생각한다.

주변을 둘러보라. 실패해서 가난한 사람보다는 도전을 하지 않아 가난한 사람이 훨씬 많다. 실패보다 더 나쁜 것은 두려움이다. 두려움은 우리로 하여금 아무것도 하지 않게 짓누르기 때문이다. 우리는 평생을 땅에 발을 딛고 살아가며 집에서 생활한다. 부동산이 가치가 없어지는 일은 일어나지 않을 것이다. 부동산을 재료로 하는 공매는 우리가 밟고 있는 땅만큼이나 안전한 투자다.

| 부동산 공매의 정석 | 차례 |

▶ 7장 ◀
공매 고수의 노하우

1장

3,000만 원으로
2년에
3억 원 만들기

01
누구나 성공 가능한
3억 원 프로젝트

◎ 10년 동안 모을 돈을 2년 안에 만드는 법

종잣돈 3,000만 원은 급여소득자가 저축으로 1년간 모을 수 있는 현실적인 금액이다. 이렇게 모은 돈으로 2년간 투자를 해서 3억 원을 만들 수 있다면, 직장을 다니면서 돈을 모으는 시간을 5분의 1로 줄이는 셈이다. 경매 전문 정충진 변호사의 책《경매 승부사들》을 보면 3,000만 원으로 2년 안에 3억 원을 만드는 '3억 원 프로젝트'를 제안한다. 2년 동안 종잣돈의 10배를 만들 수 있다니! 말이 안 되는 것 같지만 성실하게 노력만 기울인다면 누구나 이뤄낼 수 있다.

내가 행꿈사(행복한 부자를 꿈꾸는 사람들)에서 공부하기로 결심한 이유가 여기 있었다. 그러다가 행꿈사 직원이 되었고 3억 원 프로젝트를 수행해나가는 과정을 유튜브로 공개하는 미션을 맡았다. 그렇게 3억 원 프로젝트는 2021년 3월에 시작되었고, 2023년 11월에는 모든 물건을 매도하면 2억 7,000만 원을 만들 수 있는 정도가 되었다. 친구에게 종잣돈 3,000만 원을 빌리는 일부터 입찰, 낙찰, 명도, 인테리어 등 모든 과정을 유튜브 채널에 공개했다.

3,000만 원으로 2년 안에 3억 원 만들기, 지금부터 함께 시작해보자. 우선 3,000만 원은 소액이기 때문에 종잣돈이 묶이지 않아야 한다. 종잣돈이 묶이면 다음 투자를 이어나갈 수 없다. 취득세 중과가 없는 2주택까지 유지하면서 전세가 이하에 낙찰받아 전세를 놓든지 단기에 매도한다. 그러다가 보유 주택이 2주택을 초과하면 공시가격 1억 원 이하 물건을 공략한다.

세금은 부동산매매사업자로 납부한다. 단기에 매도하면 양도세율 (1년 내 매도 시 양도소득세 및 지방소득세 77%)이 높지만, 부동산매매사업자 등록을 해서 사업소득으로 신고하면 소유권이전 다음 날 매도해도 소득세율로 세금을 납부한다. 빈번한 매도로 일어난 소득은 양도소득이 아니라 사업소득으로 보기 때문이다. 3억 원 프로젝트에 성공하려면 단기 매도를 많이 하게 되므로 부동산매매사업자 세금에 대한 공부도 병행해야 한다.

이렇게 세금 공부까지 했는데 정작 낙찰을 받지 못한다면? 낙찰 비결은 첫 번째, 경쟁이 낮은 물건을 선택하는 것이고 두 번째, 여러 번 입찰하는 것이다. 그렇다면 경쟁을 줄이는 포인트는 무엇인가?

① 경매보다 공매로 입찰한다. 같은 조건의 물건일 때 경매와 공매 낙찰 결과를 보면 공매 낙찰가가 더 낮다. 또한 소액 아파트는 주로 지방이나 외곽에 있기 때문에 먼 지역까지 직접 입찰하러 가는 수고를 줄이고 더 큰 수익을 낼 수 있다. 공매는 전자 입찰이기 때문에 인터넷 쇼핑을 하듯 여러 번 입찰하기도 용이하다.

② 조회수가 낮은 물건을 선택한다. 물건을 보는 사람이 적다는 것은 입찰자수가 적고 따라서 입찰가도 낮다는 뜻이다. 조회수가 낮은 이유는 다양하다. 신탁재산 공매의 경우 법원 경매와 압류재산 공매보다 유찰되는 주기가 짧다. 1주일에 1회 혹은 2~3일에 1회 유찰되기도 한다. 이처럼 기간이 짧기 때문에 미처 해당 물건을 조회하지 못하는 사람이 많다. 따라서 높은 경쟁을 피할 수 있으며, 적절한 금액에 낙찰을 받아 수익을 낼 가능성이 커진다.

나는 3억 원 프로젝트를 진행하면서 8채의 부동산을 낙찰받았다. 이 중 6채를 공매로 취득했는데, 경매보다 저렴하게 낙찰받을 수 있었다. 다른 사람이 안 보는 것을 보거나 다른 사람이 못 보는 것을 볼 수 있다면, 수익의 크기가 증가한다. 이것이 공매의 장점이다. 지식과 경험을 바탕으로 응용력을 발휘하면 상상 이상의 수익을 만들어낼 수 있는 것이다.

⊙ 레버리지로 대출 활용하기

3,000만 원으로 부동산을 매수하려면 대출을 받아야 한다. 그런데 입찰 전에는 대출 여부를 확인하기 어렵다. 하지만 낙찰이 되고 알아보면 대출을 해줄 기관을 분명히 찾을 수 있다. 3억 원 프로젝트 강의를 수강한 회원 중에는 200여 군데의 금융기관을 알아본 끝에 원하는 조건에 가까운 이율과 금액으로 대출을 받은 예도 있다.

무주택자의 대출

무주택자는 대출이 잘 나온다. 소득에서 나오는 한도와 물건에서 나오는 한도(KB부동산 시세의 70% 혹은 낙찰가의 80% 중 낮은 금액)를 둘 다 충족하는 정도로 나온다. 물론 소득이 있어야 한다. 4대 보험이 되는 직장을 다닌다면 증빙소득으로 대출이 가능하다. 프리랜서 중에 소득 증빙이 잘 안 되거나 가정주부라면 인정소득으로 대출을 받는다.

증빙소득이 2,400만 원 이하인 경우는 인정소득으로 대출이 실행된다. 인정소득은 신용카드 사용액이나 국민건강보험료 등으로 소득을 추정하는 것이다. 1년 신용카드 사용액이 2,500만 원이라면 연봉 5,000만 원으로 간주되어 대출이 가능하다. 대출한도는 신용도나 이율에 따라 다르지만 대략 3억 원까지 가능하다. 3억 원 프로젝트는 대출한도 80%로 대출을 풀로 받을 때 매매가 1억 5,000만 원 미만의 물건을 타깃으로 하기 때문에 소득이 없는 주부도 가능하다.

만약 무주택 유지가 조건인 기금대출을 받고 있거나 공공임대주택에 거주하고 있다면 대출 회수나 임대주택 퇴거 등을 고려해야 한다. 전세자금대출 중 매수금지 약정이 있는 경우도 주의해야 한다.

유주택자의 대출

유주택자는 KB부동산 시세의 60%와 낙찰가의 80% 중 낮은 금액으로 대출이 나온다. 1주택을 보유한 상태에서 공매 물건을 낙찰받으면 무주택자보다는 적은 대출이 나온다. 또한 주택 명의자 앞으로 대출이 과도한 경우 대출이 없는 배우자 명의로 투자가 가능한데, 주택수는 같은 세대원을 합해서 보지만 대출은 차주 단위로 보기 때문이다. 주택 명의자인 남편이 대출이 많으면 아내 이름으로 대출이 가능한 것이다. 이처럼 1주택을 보유하면서 차주의 명의를 달리하여 투자할 수 있다.

⊙ 전세보증금 활용

부동산 투자자가 활용할 수 있는 레버리지는 금융기관의 대출도 있지만 임차인의 전세보증금도 있다. 전세를 잘 활용한다면 대출이 어려운 시점에서도 투자를 이어나갈 수 있다는 점은 소액 투자자에게 큰 희망이다. 비규제지역의 저평가된 물건을 낙찰받아 대출을 받았다고 가정해보자. 이 대출을 계속 보유하면 다음 물건을 낙찰받을 때 대출이 실행되지 않을 수 있다. 이럴 때는 앞의 물건은 전세를 놓아 전세보증금으로 대출을 상환하면 된다. 그러면 다음 물건을 낙찰받을 때 다시 대출을 실행할 수 있다.

간혹 대항력 있는 임차인이 배분 요구를 하지 않은 물건이 나오기도 한다. 전세가가 많이 상승하고 있어서 혹은 새로운 전셋집을 찾기 어렵거나 자녀의 학교, 직장 등 다양한 사유로 배분 요구를 하지 않았을 수 있다. 이때 임차인은 계속해서 해당 물건을 점유할 수 있다. 종잣돈이 적다면 이런 물건을 공매 갭투자로 접근할 수 있다. 시세에서 임차인의 전세보증금을 뺀 금액보다 저렴한 금액에 낙찰을 받는 것이다. 대출 없이 임차인의 전세보증금을 레버리지 삼아서 부동산을 소유할 수 있다.

임차인이 인수되는 물건을 공매로 낙찰받은 후에 점유자와 협상해서 새로운 임차인을 구할 수 있는데, 현재보다 높은 금액으로 전세를 놓는다면 투자 원금에 더하여 투자금이 불어난다. 점유자가 계약기간이 만료되어 이사를 나갈 때까지 보유하면서 저평가된 물건을 낙찰받아 은행 이율보다 더 큰 수익을 거둘 수 있는 것이다.

이와 같은 방법들로 3,000만 원으로 2년 안에 3억 원을 만든 분들이 실제로 적지 않다. 그중 행무기님의 사례를 소개하고자 한다. 평범한 직장인이 공매 투자를 결심하게 된 계기부터 어떻게 물건을 검색하고 명도를 진행하고 매도해서 수익을 냈는지, 생생한 수기를 통해 3억 원 만들기 프로젝트는 누구나 이룰 수 있는 일임을 알 수 있을 것이다. 더불어 공매가 무엇인지 감을 잡을 수 있을 것이다. 공매의 A부터 Z까지 자세한 내용은 2장부터 다루도록 한다. 행무기님의 이야기를 읽고 나면 훨씬 이해하기 쉬울 것이다.

내가 부자가 되기로
결심한 이유

2022년 중반, 빌리언 선생님의 3억 원 프로젝트 강의를 듣고 처음으로 공매에서 낙찰이 되었다. 이후 5개의 물건을 연달아 낙찰받으며 그 경험을 공유했다. '배운 것을 그대로 행동으로 옮겨봤더니 수익을 얻었다'라는 어설프지만 정성을 담은 수기를 작성했는데 많은 분들이 공감해주셨다. 작은 성공을 몇 번 반복한 것일 뿐이지만, 나처럼 평범한 사람도 할 수 있다는 희망을 드리기 위해 이 책에 공개한다. 3,000만 원으로 3억 원 만들기, 누구나 가능하다! 나처럼 가난한 가정 출신도 말이다.

사실 처음부터 가난했던 것은 아니다. 군에 입대하기 전까지는 부족함 없이 살았다. 하지만 병장을 달던 즈음에 아버지의 사업이 급격히 악화되면서 우리 집 형편도 완전히 바뀌었다. 그래서 전역 후 대학교를 자퇴하고 취업이 잘된다는 학과로 다시 입학을 했다. 부모님께 등록금은커녕 용돈 한 푼 받을 수 없었지만 체육학과에 다닐 때 따놓은 자격증으로 파트타임 강사 일을 할 수 있었다. 덕분에 등록금과 생활비를 벌어 무사히 학교를 다닐 수 있었다. 졸업을 1년 앞둔 시점부터는 국가고시를 준비하느라 파트타임 강사도 그만두고 모아둔 돈을 쓰기만 하면서 1년을 버텼다. 이때부터는 돈 쓸 일이 생기면 무조건 '가성비'만 생각하면서 살았다.

2012년 대학 졸업 후 신촌 쪽 직장에 취업했는데 서울 올 때 들고 온 전 재산이 60만 원이었다. 당시 그 지역 원룸 월세 시세는 보증금 1,000만 원에 월 50만 원이 평균이었다. 월세 50만 원도 부담이었지만 보증금 1,000만 원을 도저히 마련할 방법이 없어서 보증금이 없어도 되는 고시원에서 서울생활을 시작했다. 한 푼이라도 더 아껴보려고 창문 없는 방에서 시작했다가 못 살겠다 싶어서 창문 있는 방으로, 또 소음 없는 방으로, 조망이 좋은 방으로 옮겨가며 1년쯤 지냈다.

이후 부지런히 돈을 모아서 고시원을 벗어나 월세에서 전세로 점점 집을 넓히며 이사도 하고, 차도 사고 서울 아가씨를 만나 연애도 했다. 여자친구를 만나고 결혼을 생각하다 보니 내 집 마련이 너무 하고 싶었다. 꼭 결혼 때문이 아니더라도 1~2년마다 떠돌이처럼 강제로 이사 다녀야 하는 게 서글퍼서라도 반드시 해야겠다는 생각이 들었다. 그래서 초기 자금이 비교적 적게 드는 아파트 청약에 도전했는데 가점이 낮아서 매번 떨어졌다. 전략을 바꿔서 경쟁률이 낮을 것 같은 타입 위주로 도전했고 2016년에 드디어 추첨제로 당첨이 됐다.

2018년 여자친구와 결혼에 골인하고 이듬해 새 아파트에 입주도 하고 사랑스러운 첫째 아들이 태어났다. 이때까지도 쓸데없는 돈은 쓰지 않으며 열심히 살긴 했지만, 정말 부자가 되고 싶다는 생각을 간절히 하게 된 것은 사소한 계기 때문이었다.

요즘 아기들 돌 사진은 옛날 우리 때처럼 사진 한 장 달랑 찍고 마는 게 아니라 대부분 스튜디오에서 패키지 상품으로 찍는다. 우리 가족도 산부인과에서 소개해준 업체로 갔는데 강남 한복판에 있었고 가격이 장난이 아니었다. 기본이 수십만 원이고 앨범 몇 개, 액자 몇 개 추가될 때마다 수십만 원씩 가격이 올라갔다. 100만 원이 훌쩍 넘는 상품도 있었다. 가성비를 우선으로 생각하는 게 몸에 밴 나는 내심 가장 저렴한 상품으로 했으면 좋겠다고 생각하는데 아내는 벌써 몇 단계 위 상품을 보고 있었다. 약간의 의견 충돌 끝에 결국 중간 단계의 상품을 선택했고 촬영 날짜를 예약하고 집으로 돌아왔다.

다음 날 아기를 품에 안고 창밖을 멍하니 보다가 문득 어제 일이 생각났다. 갑자기 하염없이 눈물이 쏟아졌다. 그놈의 돈 때문에 우리 아기 첫돌 사진을 가장 싼 것으로 하고 싶어 했다는 데 대한 미안한 마음 때문이었다. 돈이 많았으면 고민할 필요도 없는 일이고 와이프와 의견 충돌이 생기지도 않았을 텐데. 지금 겨우 돌 사진 하나로 이런 마음인데 앞으로 아이가 커가면서 이와 비슷한 순간을 얼마나 더

부동산 공매의 정석

마주하게 될지, 그때 나는 부모로서 어디까지 해줄 수 있을지 진심으로 걱정이 됐다. 나는 여태 가성비를 따지면서 살아왔지만 우리 아들까지 그렇게 살게 할 순 없었다. 이대로 살면 안 되겠다는 생각이 들었다. 그날 아기를 끌어안고 펑펑 울면서 간절하게 부자가 되고 싶다는 생각을 했다.

이후 악착같이 살면서 2020년에 2주택자가 됐다. 영혼까지 끌어모아 갭투자를 하느라 수중에 돈은 없고 공부나 하자 생각해서 공인중개사 자격증을 취득하고, 부동산 관련 서적을 찾아 읽다가 2021년에 정충진 변호사의 《행복한 경매 투자 첫걸음》을 만났다. 그렇게 경매의 세계로, 행꿈사로 들어와 곧바로 나땅 선생님의 경매 기본반 강의를 들었다.

배운 것을 얼른 써먹고 싶었지만 바로 투자를 하진 못했다. 평생 고생만 하신 어머니가 혈액암에 걸리신 것이다. 아들이 결혼도 하고 드디어 손자도 보시고 이제 좀 살 만해지나 싶었는데 하늘이 무너지는 듯했다. 내가 전담해서 간병하지는 못했지만 어머니가 계신 고향과 서울을 오가느라 투자가 눈에 들어오지 않았다. 그렇게 약 2년간 투병생활을 하시다가 어머니는 2022년이 되자마자 운명하셨다.

첫 공매 투자로
알게 된 것들

⊙ 세금 부담 없는 물건을 찾아서

어머니의 소천으로 정신을 못 차릴 만큼 힘든 시간을 보내다가 마음을 추스르고 2022년 중반에 빌리언 선생님의 공매 실전반과 3억 원 프로젝트 강의를 들었다. 공매 투자로 수익을 내보고 싶다고 생각했을 때 나는 이미 규제지역 2주택자였다. 주택수를 늘리면서 투자하기에는 세금 부담이 클 것 같아 처음부터 부동산매매사업자를 이용한 단기 매도를 목표로 세우고 물건을 검색했다. 검색 조건은 다음과 같았다.

① 취득세 중과를 피하기 위해 공시가격 1억 원 이하인 물건

② 양도소득세 중과를 피하기 위해 비규제지역 또는 읍면지역의
  3억 원 이하인 물건

이 조건으로 검색을 하다가 경기도 파주시에서 시선을 잡는 물건을
발견했다. 가격은 다음과 같았다.

	감정가	8,700만 원
	최저입찰가	6,960만 원(2회 유찰)
	최근 실거래가	9,700만 원
	시세	9,000~ 9,500만 원

인수하는 권리 없는 깔끔한 물건이지만 임차인이 보증금을 전액 못
받는 케이스라 명도의 난도가 높을 것으로 예상됐다. 그런데 신고된
전세보증금은 시세 5,000만 원의 절반도 안 되는 2,000만 원이었고,
전입일은 2021년인데 확정일자는 1995년이었다. '이건 뭐지? 보증
금 조금이라도 받아내려고 작업해놓은 건가?' 하는 의구심이 들었
다. 하지만 어차피 대항력이 없으니 일단 임장을 해보기로 했다.

  물건지를 방문하여 초인종을 눌러봤지만 반응이 없었고 "계십니
까?" 하고 문을 두드려도 반응이 없었다. 옆집도 마찬가지였다. 문
앞에 택배상자가 놓여 있었는데 배송날짜가 약 6개월 전이고, 현관
문에 등기우편이 왔으나 부재중이어서 돌아간다는 스티커가 붙어
있는데 그 날짜도 6개월 전이었다.

[1-1] 처음으로 낙찰받은 파주 아파트 입찰 내용

입찰자수	유효 5명 / 무효 0명(인터넷)		
입찰금액	73,150,000원 / 72,500,000원 / 71,610,000원 / 71,178,248원 / 70,756,000원		
개찰결과	낙찰	낙찰금액	73,150,000원
감정가 (최초 최저입찰가)	87,000,000원	최저입찰가	69,600,000원
낙찰가율 (감정가 대비)	84.08%	낙찰가율 (최저입찰가 대비)	105.1%

사람이 살고 있지 않은 것 같다 생각하고 아파트 주변을 둘러보다 주민으로 보이는 할머니를 만났다.

"여기 이사 올까 해서 집 보러 왔는데 살기는 어때요?"

"공기 좋고 살기 좋아. 여기 30년 넘게 살았어. 이사 와."

차만 있으면 살기 좋다고 하셨는데 지하철역이 멀기는 했다. 사실 파주에서도 처음 들어보는 지역이라 조금 망설이기도 했지만 실제로 임장을 해보니 그 동네에서는 나름대로 대장(?) 아파트이고 무엇보다 가격이 부담스럽지 않아 첫 연습 대상으로 딱 좋아 보여 입찰을 결심했다. 결과는 차순위와 65만 원 차이로 낙찰!

◎ 명도의 시작과 끝

낙찰받고 약 1주일 후 매각허가결정이 났다. 결정이 나자마자 '나는 공매 사건 최고가매수 신고인이고 앞으로의 절차 협상을 위해 방문하였으나 부재중이라 전화번호를 남기고 가니 연락 바란다'는 내용을 포스트잇에 미리 써서 물건지를 방문했다. 이번에도 당연히 사람이 없을 거라 생각해서 포스트잇만 붙여놓고 올 생각이었으나 그래도 혹시 몰라서 음료수 한 상자를 사 들고 가서 초인종을 눌러봤다.

"누구세요?"

사람이 없을 거라고 예상한 터라 당황스러웠다.

"안녕하세요. 아파트 공매 사건 최고가매수 신고인입니다."

곧 문이 열리고 점유자가 모습을 드러냈다.

"공매요?"

"네, 공매 진행한다고 못 들으셨나요?

"들어본 것 같긴 한데 낙찰됐다는 말은 못 들어봤네."

"낙찰받아서 인사도 드리고 앞으로 일정 협의도 하려고 왔습니다. 우선 이거 받으세요."

"아니, 뭐 하러 이런 걸. 우선 들어와보세요. 그런데 저는 어떻게 되는 겁니까? 이 집에서 나가야 돼요?"

"그래서 이사 일정 등은 어떻게 생각하고 계시는지 여쭤보러 왔습니다."

"내 보증금은 어떻게 되는 거예요?"

"아쉽게도 권리 순서상으로는 대항력이 없어서 이번 공매 사건에서 배분받을 수 있는 금액은 없고, 보증금은 전 소유주에게 청구하실 수 있습니다."

"사업 망했다는데 보증금 받을 수나 있겠어요? 내가 여기 20년 넘게 살면서 관리비 한 번 밀린 적 없고 장기수선충당금도 꼬박꼬박 냈는데 그것도 그럼 못 받는다는 건가?"

"아쉽지만 제가 알기론 그렇습니다. 혹시 다른 방법이 있는지 확인은 해보겠습니다.

"돈 한 푼 안 주고 그냥 나가라는 말이네? 임차인 보증금도 안 돌려주고 그냥 내보내는 법이 어디 있어? 난 그렇게 못하니 여기 다 때려부수든 법대로 하든 맘대로 하시오. 젊은 사람이 집 잘못 받았네."

"그런데 선생님, 궁금한 게 있는데 확정일자는 1995년 4월인데 전입일은 2021년 9월로 되어 있던데요, 혹시 어떤 사유입니까?"

"내가 1995년도부터 쭉 살았고, 중간에 잠깐 다른 데서 살게 됐는데 집을 비워둘 수 없으니 3년 정도 다른 사람한테 월세를 줬죠."

"아, 중간에 다른 곳으로 주소를 옮겼다가 다시 전입하신 거군요."

"그렇지. 1995년도 계약서도 여기 있잖아요."

말소기준권리는 1994년 근저당으로, 전대(임대받은 것을 다시 임대 주는 것)와 관계없이 이분은 어차피 후순위 임차인이기는 했다. 만약 대항력이 있는 상태에서 전출을 했다면 그것 때문에 대항력이 없어지는 결과가 됐겠지만, 처음부터 대항력이 없는 상태였기 때문에 그나마 덜 미안하게 됐다. 대항력이 있는 상태에서 전출을 했다가 다시 전입했다면 정말 억울하실 뻔했다.

점유자는 보증금을 못 받고는 절대 못 나간다고 격앙되어 말씀하시면서도 앞으로 어떻게 될지 걱정하셨다. 아버지뻘 되는 연세였고, 나도 처음 겪어보는 상황에 마음이 약해졌다. 최대한 예의를 갖춰 대하고 다른 방법이 있는지 찾아보겠다고 했다. 그러고 앞으로 진행될 절차에 대해 조만간 내용증명이 발송될 테니 기분 나쁘게 여기지 말고 잘 읽어보시라는 말씀을 드리고 나왔다.

이튿날 바로 다음과 같은 내용증명을 발송했다.

① 대항력이 없고 소액임차인 최우선변제 요건에도 해당하지 않아 보증금을 받을 방법은 없어 보임
② 안타까운 사정을 고려하여 법적 의무가 없음에도 불구, 사비를 들여 소정의 이사비를 지원할 의향은 있음
③ 내용증명 수신 후 10일 이내에 연락이 없으면 협의할 의사가 없는 것으로 간주하고 명도소송 진행함
④ 소송 비용과 강제집행 비용 청구 및 무상으로 거주한 기간의 월세(감정평가금액 × 월 1%)도 청구할 것임

며칠 후 점유자로부터 연락이 왔다.

"이사비를 얼마까지 지원해주겠다는 겁니까?"

"지금까지 100만 원 이상 드린 적은 한 번도 없었는데, 선생님께는 특별히 150만 원까지 드리겠습니다."

"내가 여기 싱크대며 전등이며 전부 최근에 새 것으로 바꿨고 와

서 봤으니 알겠지만 벽지 하나 바꿀 게 없어요. 게다가 장기수선충당금도 빠짐없이 냈고, 그것만 해도 얼마인데 150만 원 받고 나가라고요? 말도 안 됩니다. 못 나가니 법대로 하세요."

"제가 지급할 의무가 없는데도 배려해서 드리는 겁니다."

"의무이고 뭐고 입장 바꿔 생각해봐요."

"그럼 선생님께서는 어느 정도 금액을 생각하고 계십니까?"

"생각을 해봐요. 내가 여기에 쓴 돈이 얼마인데."

"정확한 금액으로 말씀해주셔야 저도 참고하죠."

"최소한 300만 원 이상은 받아야 합니다."

"죄송하지만 그렇게는 어렵습니다."

"그럼 그냥 법대로 하시오!"

서로 액수를 확인했으니 며칠 생각해보고 다시 통화하기로 하고 전화를 끊었다.

나는 빠른 명도를 위해 나름 배려한답시고 처음부터 많은 금액을 제시했다고 생각했는데, 결과적으로 좋지 않은 선택이었던 것 같다. 얼마를 제시하든 상대방 입장에서는 성에 차지 않을 테니 차라리 기대치를 확 낮추고(50만 원 정도) 금액을 점점 올리는 식으로 협상을 하는 게 더 나았겠다는 생각이 들었다.

이후 3~4차례의 통화로 협상을 진행했고 점유자께서 여기저기 알아보겠다고 할 때마다 직접 해당기관 연락처를 찾아서 보내주는 등 협조해드렸지만, 장기수선충당금은 낙찰자가 인수해야 한다는 등

잘못된 정보를 듣고 요구할 때는 단호하게 거절했다. 또 다른 곳에 알아보지 마시고 변호사나 법률사무소를 통해 알아보는 것이 가장 정확하다고 말씀드렸다. 그렇게 몇 차례의 통화 끝에 점유자가 한 발 물러섰다.

"그럼 서로 조금씩만 양보합시다. 200만 원 주시면 내가 이번 달 15일까지 짐 빼드리겠소."

"알겠습니다. 오늘이 8월 2일이니 그럼 15일까지 짐 빼시는 겁니다. 이 내용을 문서로 남겨서 확실히 해두고 싶은데 제가 찾아가도 되겠습니까?"

"그럽시다."

"문서는 제가 준비해서 갈 텐데, 선생님께서는 인감증명서 하나만 준비해주세요."

"그건 또 뭐 하려요? 뭐 우선 알겠소."

그렇게 약속을 하고 만나기로 한 날, 출발 전에 도착 예정 시간을 알리면서 인감증명서를 준비하셨는지 물었다.

"내가 인감도장은 얼마든지 찍어주지만 뭐 하러 인감증명서까지 떼서 달라는 거요? 혹시 그걸 다른 데 쓰면 어쩌려고."

"인감증명서가 없으면 오늘은 만날 필요가 없습니다."

"그럼 그냥 법대로 하시든가!"

"네, 그럼 그렇게 하겠습니다."

홧김에 전화를 끊어버렸지만 조마조마했다. 이러다 협상한 게 다

없던 일이 되면 어쩌나……. 다행히 1분 후 다시 전화가 왔다.

"인감증명서를 어디에 어떻게 쓸지 불안해서 그러는데 왜 꼭 그게 필요하시오? 내가 인감도장은 얼마든지 찍어주겠다 하고, 제 날짜에 이사 가겠다고 하는데 나를 못 믿어서 그러시오?"

"선생님이야말로 저를 못 믿어서 그러시는 거 아닙니까. 제가 그걸 어디에 쓴다고 걱정하십니까? 합의한 내용을 문서로 남기려고 오늘 만나기로 했고, 그 문서가 공신력 있는 자료가 되려면 인감증명서가 있어야죠. 저도 선생님 믿고 제 인감증명서까지 준비해서 가려 하는데 이렇게 약속 안 지키시면 곤란합니다."

"우선 알겠으니까 오세요. 인감증명서 떼어놓겠으니."

그렇게 점유자를 만났는데, 계약하려던 집이 금세 나가는 바람에 거긴 못 들어가게 되고 다른 집에 9월 4일까지는 들어갈 수 있으니 9월 4일까지만 시간을 달라고 했다(실제로는 8월 27일에 나가셨다). 날짜와 이사비 200만 원에 대해 합의를 하고, 준비해 온 명도확인서를 건네고 이름과 주민번호, 주소를 직접 쓰시도록 했다.

"도장은 제가 찍겠습니다."

명도확인서 2부에 각각 도장을 찍고, 페이지마다 간인을 했다(인주는 하루 전에 로켓배송으로 받은 물건으로, 처음 쓰는 티를 내지 않으려고 미리 도장을 꾹꾹 눌러 자국을 여러 개 내놓았다).

"젊은 사람이 꼼꼼하구먼. 나이가 어떻게 돼요? 우리 아들이랑 비슷해 보이는데. 아들은 올해 서른셋이오."

[1-2] 3억 원 프로젝트 1호 파주 아파트 내부

"아, 그럼 제가 좀 더 많습니다. 하하."

그간의 협의 과정에서 서로의 입장을 고수하느라 언성을 높인 적도 있었지만, 서로 웃으면서 명도확인서를 작성했다. 점유자는 부자돼라는 덕담과 함께 음료수도 건네주셨다(지난번에 내가 드린 음료수였다).

"다 됐습니다. 협조해주셔서 감사합니다. 이제 여기 인테리어 공사도 해야 되고, 부동산에 집도 내놔야 하는데 사진 몇 장 찍어도 되겠습니까?"

"네네, 얼마든지. 천천히 찍으세요."

명도합의서에 도장을 받고 돌아오는 길, 말로 표현하지 못할 만큼 이상한 감정이 들었다. 책, 유튜브, 그리고 수업시간에 이론으로만 접해온 일들을 실제로 하나하나 부딪치고 해결한 것에 대한 성취감이었다. 수리와 매도라는 과정이 남아 있었지만 9부 능선을 넘은 느낌이었다.

◎ 명도 이후의 일들

"명도가 두렵나요? 상대방은 더 두렵습니다."

나땅 선생님이 수업시간에 해주신 말의 의미를 이제 알 것 같았다. 어차피 결과는 정해져 있는 싸움이기 때문에 굳이 감정적으로 대할 필요도 없고, 끝없이 배려할 필요도 없었다. 도리상 할 수 있는 만큼만 도와드리고 원칙대로 하면 된다. 명도라는 과정을 막연히 두려워만 할 필요는 없는 것 같다. 그런데 명도가 끝난 후 점유자로부터 연락이 왔다.

"한국자산관리공사에서 연락을 받았는데, 낙찰자분이 명도확인서랑 인감증명서를 주시면 제가 보증금 전액을 돌려받을 수 있답니다."

대항력 없는 임차인이고, 근저당 설정일인 1994년도 기준으로 보증금 2,000만 원이면 소액임차인도 아닌데 보증금 전액을 돌려받는다고? 한국자산관리공사에 직접 문의했더니 소액임차인으로 분류되어 보증금 전액을 받는다고 했다. 궁금해서 나땅 선생님께도 질문을 했고, 다음과 같은 답변을 받았다.

"1순위 근저당권이 근저당권 해지는 하지 않았으나 배분 요구를 하지 않은 것으로 보아 실제 채권은 없는 것 같습니다. 그런 점에서 보면 담보물권 설정이 없습니다. 나머지는 모두 채권들입니다. 담보물권이 없는 경우는 배분일을 기준으로 소액임차인인지를 따져봅니다. 그래서 임차인이 소액임차인으로 분류된 것이 아닌가 생각합니다."

보증금 전액을 돌려받다니 정말 다행이었다. 그런데 내 입장에서는 보증금을 못 받는 임차인이라 생각하고 이사비를 200만 원이나 드린 것이다. 만약 보증금 전액을 돌려받을 줄 알았다면 처음부터 소액으로 이사비 협상을 하거나 주지 않아도 되는 것이었다. 점유자에

[1-3] 배분 요구 및 채권신고 현황

번호	권리관계	성명	압류/설정 (등기)일자	법정기일 (납부기한)	설정금액(원)	배분요구 채권액(원)	배분요구일
			■ 배분요구 및 채권신고 현황				
1	근저당권	한국주택은행	1994-12-22		2,574,000,000	0	배분요구 없음
2	압류	파주시청(지적과)	1997-05-02		0	0	배분요구 없음
3	압류	파주시청	2002-02-15	2022-06-09 ~ 2022-06-09	0	261,050	2022-06-10

겐 미안하지만 사실이었다. 그래서 180만 원을 다시 돌려받는 조건으로 명도확인서와 인감증명서를 드렸다. 권리분석을 제대로 하지 못한 것이고, 나의 실수였다. 그래도 서로 손해 보지 않아서 천만다행이라고 생각했다.

⊙ 집수리는 어느 정도로 해야 할까?

원래는 최대한 번쩍번쩍하게 수리한 후, 비싼 금액으로 매도할 생각이었다. 부동산매매사업자는 개인보다 비용으로 처리되는 범위가 넓어서 수리비 대부분을 비용으로 처리할 수 있기 때문이다. 그런데 적지 않은 돈을 들여 인테리어 공사를 하고, 그 비용을 매도가에 반영하다 보면 이 집보다 큰 평형의 가격을 넘어설 것 같았다. 그러면 또 거래가 안 될 수 있을 것 같아서(같은 가격이면 더 넓은 평형을 사려 하니까) 필요한 부분만 적당히 수리한 후 적당한 금액으로 매도하는 것으로 목표를 바꿨다.

결론부터 말하면 올수리를 할 생각으로 들어오려는 매수자가 금방 나타나서 아무것도 수리하지 않고 그대로 매도했다. 대신 가격을 할인해줬다.

⊙ 자금 마련 방법

당시 보유하고 있던 현금은 약 1,000만 원뿐이라 대출과 마이너스통장을 동시에 이용했다. 3억 원 프로젝트 수강생 혜택으로 해피머니 대출이 가능해서 보험처럼 생각하고 있었는데, 낙찰받고 처음 대출상담을 할 때 점유자와 명도 협상이 안 되면 대출이 어려울 수 있다는 말을 들었다. 그때부터 부지런히 대출을 알아봤다. 3억 원 프로젝트 수업 때 대출상담사 전화번호 목록을 받은 게 있어서 그중 한 곳에 연락해 대출을 진행했다. P2P까지 생각하고 상담했으나 다행히 부동산매매사업자 캐피털 대출이 가능하다고 했다. 명도 협상이 되고 나서 해피머니도 다시 상담해봤지만 조건이 크게 다르지 않아 캐피털 대출로 진행했다.

대출 금리는 9.9%로 높은 편이었으나 인테리어 공사 비용까지 감안해도 넉넉하게 잡아 4,000만 원 정도만 받으면 충분했고 매도 즉시 상환할 예정이라 괜찮다고 판단했다. 대출금 4,000만 원에 금리가 약 10%면 1년에 이자가 400만 원이고, 그걸 다시 12개월로 나누면 한 달 이자는 약 33만 원이니 두세 달 융통하는 비용으로 나쁘지 않았다. 투입되는 비용보다 더 큰 수익이 예상되는데 돈이 아까워서 아무것도 안 하는 것보단 나았다. 무엇보다 규제지역 2주택자는 대출이 거의 불가능해서 대출이 가능한 것만으로도 감지덕지였다. 게다가 대출 실행 후 약 한 달 만에 매도까지 되면서 생각했던 이자보다 훨씬 적게 들었다.

	낙찰가	7,315만 원
	대출	약 6,400만 원 (캐피털 대출 4,000만 원 + 마이너스 통장 2,400만 원)
	매도가	8,850만 원
	비용	이사비 20만 원
	차익	1,535만 원

긴 명도,
짧은 매도

⊚ 감정평가금액이 낮아 유리한 물건

약 2개월 만에 낙찰부터 매도까지 성공적인 경험을 하면서, 수익도 얻고 자신감도 생겼다. 이번에도 같은 기준으로 비슷한 유형의 물건들을 검색해보고, 충북 제천시에서 소유자 겸 점유자가 거주 중인 적당한 물건 하나를 발견했다. 2022년 10월이었는데, 금리가 점점 오르고 부동산 가격 하락 뉴스가 계속 나오던 시기였다. 그런 힘든 시기였음에도 불구하고 해당 아파트는 매물 자체가 많지 않으면서 거래는 꾸준히 있는 걸로 보아 매도에 어려움은 없어 보였다. 주변의 다른 아파트에도 비슷한 면적의 매물은 별로 없는 편이었다. 무엇보다 그리 높은 가격은 아니라 보유에 대한 부담이 없어서 입찰을 결심했다.

	감정가	7,500만 원
	최저입찰가	6,750만 원(1회 유찰)
	최근 실거래가	8,800~9,000만 원
	시세	8,500~9,000만 원

1회 유찰된 물건이라 최저입찰가가 아직 많이 떨어지진 않아서 기대수익을 꽤 낮춰야 할 것 같았다. 그런데 자세히 보면 최근 실거래가와 시세에 비해 감정평가금액이 다소 낮게 책정되었고, 시세와 최저입찰가를 비교하면 3억 원 프로젝트 1호 물건인 파주 아파트와 비슷한 수준의 수익은 충분히 예상할 수 있었다.

해당 아파트 관리사무소에 전화를 걸어 미납 관리비에 대해 문의하면서 몇 명이나 물어보았냐고 하니 서너 명이 물어봤다고 했다. 이번에는 유찰되지 않고 최저가 수준에서 최소한 한 명은 경쟁자가 있을 것 같았다. 다들 나와 비슷한 생각을 하며 눈치싸움을 하고 있을 것 같기도 했다.

'최저가보다는 조금 올려서 써야지! 얼마나 올려 쓰지? 10~20만 원 차이로 2등이 되면 너무 아쉬울 것 같은데. 에라 모르겠다. 50만 원 올려 쓰자!'

결과는 〈1-4〉와 같이 단독 낙찰이었다. 괜히 50만 원이나 더 썼다.

[1-4] 3억 원 프로젝트 2호 물건 입찰 내용

입찰자수	유효 1명 / 무효 0명(인터넷)		
입찰금액	68,005,000원		
개찰결과	낙찰	낙찰금액	68,005,000원
감정가 (최초 최저입찰가)	75,000,000원	최저입찰가	67,500,000원
낙찰가율 (감정가 대비)	90.67%	낙찰가율 (최저입찰가 대비)	100.75%

⊙ 쉽지 않은 명도의 길

점유자와 명도 협상을 위해 물건지로 가봐야 하는데 편도 3시간 거리로 너무 멀었다. 관리사무소에 전화해서 낙찰자임을 밝히고 점유자 전화번호를 물어봤다. 관리사무소에서는 그렇게는 할 수 없고 내번호를 전달해주겠다고 했다. 몇 시간 후 모르는 번호로 전화가 왔다. 점유자였다. 목소리도 인품도 너무 좋아 보였지만 앞으로 어떻게 될지 몰라 불안해하셨다. 무슨 사정으로 공매까지 넘어갔는지 안타까운 마음이 들었다. 그런데 대뜸 전세로 살아도 되는지 물어보셨다. 명도 후 빨리 매도하는 게 목표이기 때문에 당연히 불가능했고, 채무 상태가 좋지 않아 집이 공매로 넘어간 사람과 전세계약을 하면 나중에 어떤 일이 일어날지 모르는 일이었다. 그래서 정중히 거절하고, 내용증명이 올 테니 천천히 읽어보시고 연락 달라고 하고 통화를 마쳤다.

내용증명도 보냈건만 점유자는 이사를 차일피일 미뤘다. 경매는 인도명령제도가 있어서 비교적 빠른 시간에 강제집행도 가능하지만 공매는 점유자가 버티면 명도소송을 통해서만 강제집행을 할 수 있다. 그래서 일단 부동산점유이전금지 가처분 신청을 했다.

부동산점유이전금지 가처분은 법원 집행관이 직접 채무자를 찾아가(일부러 연락을 피하면 강제 개문을 해서라도) 목적물 부동산을 인도하라는 내용의 결정문을 집 안에 붙이면서 명도소송을 할 수 있음을 알려주는 절차다. 낙찰자가 말로만 나가라고 하는 것보다 더 큰 압박일 것이다.

다만 이 점유자는 연락도 잘되고 집에도 배우자가 항상 거주하고 계셔서 사전에 연락을 드렸다.

"만일의 사태를 대비해서 해놓는 절차이니 너무 불안해하시지 않아도 됩니다."

그렇게 증인도 없이 집행관 혼자 방문해서 부동산점유이전금지 가처분 집행이 끝났다. 그런데 너무 강압적이지 않았던 탓일까? 점유자는 여전히 변화가 없었다. 통화할 때마다 이사를 못 가는 새로운 이유가 추가됐다. 집을 구하고 있는데 마땅한 게 없다, 계약하려 했는데 취소됐다, 계약을 했는데 집이 엉망이라 공사가 필요하고 몇 주일이 걸린다, 공사 도중 보일러가 터져서 기간이 연장되고 있다, 날씨가 추워져서 공사 진행이 안 되고 있다……

결국 '강제집행조치 예고 및 임료 청구'라는 강력한(?) 제목으로 다음과 같은 내용증명을 다시 한 번 보냈다.

① 아무런 법률관계 없이 무단으로 사용하고 있는 것에 대한 월세 상당의 부당이득금 청구: 소유권 취득일부터 부동산을 명도하는 시점까지 매월 75만 원(감정평가금액 × 월 1%)의 임료를 OO은행 0000-0000-0000으로 보낼 것

② 자진하여 부동산을 명도할 의사가 없다고 판단되어 부득이 강제집행 진행할 예정

내용증명을 보내고 얼마 후 점유자에게 연락이 왔다.

"늦어서 죄송합니다. 말씀하신 월세 4개월치 300만 원 송금했습니다."

앗, 이게 아닌데. 난감했다. 이사가 늦어질수록 부당이득금이 쌓이니 빨리 이사를 가라고 압박하기 위한 내용증명이었다. 월세를 받으려는 목적이 아니었는데…… 심지어 금액도 1개월치를 더 보냈다.

낙찰받고 약 1개월 후 대금납부 최고기한에 딱 맞춰서 잔금을 납부했기 때문에 내가 소유권을 취득한 때로부터 3개월 정도가 지난 것인데, 점유자는 그런 사실을 모르고 낙찰일 기준으로 4개월치를 보내신 듯했다. 점유자에게 그 사실을 알려드리고, 빨리 나가시면 차액을 돌려준다고 했다.

뜻밖의 월세까지 받아버리는 바람에 어쩔 수 없이 그 기간 동안 살게 해드려야 되나 고민하던 중, 3월이 되자마자 집수리가 끝났다며 이사를 나가셨다. 사실 첫 통화 때 곧 겨울이라 추운데 이사 가기

힘드니까 내년 봄까지만 살다가 나가겠다고 하셨는데, 결국 목표를 달성하신 듯했다. 겨우내 버티다가 3월이 되자마자 이사를 가셨다. 점유자가 달라고 하진 않았지만 이사를 해도 나가지 않아서 답답한 마음에 이사비를 드릴 테니 나가달라고 한 적이 있는 데다 월세도 1개월치를 더 받았기 때문에 차액을 돌려드리는 차원에서라도 소정의 이사비를 드렸다. 적지만 이사비를 드리는 대신 공과금 정산과 쓰레기 처리를 확실하게 해주시기를 부탁했더니 깔끔하게 처리해주셨다. 게다가 이사비는 생각지도 못했는지 아주 고마워하셨다.

⌖ 매도와 자금 마련 방법

시세가 8,500~9,000만 원 선이라 8,800만 원에 집을 내놓았는데 사흘째 되는 날 8,000만 원에 매도하면 바로 계약금을 송금하겠다는 사람이 나타났다. 800만 원이나 깎아달라니 너무하다는 생각도 잠깐 들었지만 명도에 너무 오랜 시간을 써서 얼른 팔아버리고 싶은 마음도 있었고, 중간에 뜻밖의 월세 300만 원도 받았으니 그것도 수익이라 생각하면 그럭저럭 괜찮았다. 가장 중요한 이유는, 명도 후 물건 검색을 하다가 마음에 드는 물건을 발견한 것이다. 매도계약이라도 해놓으면 마음 편히 다음 투자를 할 수 있겠기에 100~200만 원 가지고 흥정하는 대신 단번에 수락했다.

[1-5] 3억 원 프로젝트 2호 제천 아파트 내부

자금은 대출과 마이너스 통장으로 마련했다. 1호 물건 때는 몰랐던 보험계약대출의 존재를 알게 되었다. 가입한 보험 중 해약환급금 범위 내에서 대출을 받을 수 있는 것인데, 납입된 보험금이 담보인 셈이니 개인 신용이나 DSR도 상관없고 이율도 5% 정도로 낮은 편이었다. 마이너스 통장처럼 필요할 때 필요한 만큼만 쓰고, 필요 없을 땐 중도상환수수료 없이 언제든지 상환할 수 있었다.

	낙찰가	6,800만 5,000원
	대출	약 3,500만 원 (보험계약대출 1,500만 원 + 마이너스 통장 2,000만 원)
	매도가	8,000만 원
	비용	이사비 30만 원
	차익	1,199만 5,000원 + 뜻밖의 월세 300만 원 = 1,499만 5,000원

유찰을
기다리지 않은 이유

행무기

⊙ 이토록 쉬운 명도

길고 지루한 2호 물건 명도 후 다음 물건을 검색하는데 평소 관심 있게 보던 지역에서 공매 물건이 나왔다. 외딴섬처럼 시골이지만 그만큼 개발계획이나 호재, 공급계획도 없어서 늘 공급이 부족한 지역이었다. 지난번에 같은 아파트에서 경매 물건이 나온 적이 있었는데 평형과 타입까지 똑같았다. 그때는 공시가격이 1억 원이 넘어서 취득세 중과 때문에 입찰하지는 못하고 지켜만 봤는데, 이번엔 탑층이라 그런지 턱걸이 수준으로 1억 원을 넘지 않아서 1%의 취득세만 내면 됐다.

감정가	1억 6,300만 원
최저입찰가	1억 4,670만 원(1회 유찰)
최근 실거래가	1억 6,700만 원
시세	1억 6,500~1억 7,000만 원

이번의 공매 최저입찰가는 지난번 경매 낙찰가보다 조금 더 비쌌다. 이번에는 공매이기 때문에 경쟁률은 더 낮을 것으로 예상됐다. 그러니 한 번 더 유찰된 후 지난 경매 낙찰가와 비슷한 수준, 또는 더 낮은 금액으로 입찰해도 충분히 낙찰이 가능해 보였다. 그럼에도 불구하고 기다리지 않고 최저가 수준으로 입찰해서 단독으로 낙찰이 됐다. 나는 왜 한 번 더 유찰되기를 기다리지 않았을까?

인근 부동산중개소에 전화 문의를 했더니 "여긴 지금 주택난이 심해서 가격만 맞으면 금방 팔릴 거예요"라는 답을 받았기 때문이다. 부동산중개소에서 무려 '주택난'이라니, 명도만 하면 매도하는 데 어려움은 없을 것으로 보였다.

다음으로 해당 아파트 관리사무소에 전화로 문의했더니 현재 6개월 정도 공실 상태이고 미납 관리비는 60만 원 정도라고 했다. 공실이라는 정보를 얻고 조금 더 끌렸지만, 가장 중요한 가격이 아직 애매해서 선뜻 입찰하기가 망설여졌다. '누가 최저가에 들어와서 덥석 가져가버리면 어떡하지?'라는 걱정이 살짝 남아 있었지만 유찰되기를 기다리기로 마음먹고 휴대전화 캘린더에 다음 매각기일 일정 알

림을 등록했다.

공매 입찰은 월요일부터 수요일, 3일간 가능한데 입찰하는 주의 화요일에 지인과 약속이 있었다. 그런데 문득 등기사항전부증명서상 소유자(법인)의 주소지가 어렴풋이 생각나서 다시 보니, 마침 약속 장소에서 멀지 않은 곳이었다. 화요일에 지인을 만난 후, 일단 가보자는 생각으로 무작정 소유 법인 주소지로 향했다. 그런데 그 건물에 그 회사는 없었다.

빌딩 관리자에게 물어보니 1년 전쯤 퇴거했다고 했다. 다시 인터넷으로 검색을 해보니 다른 주소가 나왔고, 역시 멀지 않은 곳이어서 그곳으로 향했다. 다행히 제대로 찾았다. 직원 7~8명이 상당히 바쁘게 근무하고 있는 회사였다.

"안녕하세요? ○○아파트 공매 건으로 여쭤볼 게 있어서 왔습니다."

문전박대하면 어떻게 하나 걱정하며 들어갔지만 한 직원이 친절하게 미팅룸으로 안내해주고 음료수까지 주셨다. 잠시 후 담당자라는 분이 들어와서 물건 상태와 하자 유무 등 이것저것을 물어봤다. 모든 질문에 시원하게 대답해주는 것은 물론 심지어 잔금 납부만 하면 비밀번호도 바로 알려주겠다고 했다. 지금까지 서너 명이 문의를 했다는 정보도 얻었다. 담당자에게 감사 인사를 드리고 나오는 길, 머릿속이 복잡해졌다.

'공시가격이 1억 원 이하라 실수요자뿐만 아니라 투자자들도 입찰을 하겠는데?'

[1-6] 3억 원 프로젝트 3호 물건 입찰 내용

입찰자수	유효 1명 / 무효 1명(인터넷)		
입찰금액	146,777,000원		
개찰결과	낙찰	낙찰금액	146,777,000원
감정가 (최초 최저입찰가)	163,000,000원	최저입찰가	146,700,000원
낙찰가율 (감정가 대비)	90.05%	낙찰가율 (최저입찰가 대비)	100.05%

'현재 공실, 잔금 납부 후 즉시 비밀번호를 가르쳐준다니 명도 난도가 매우 낮잖아.'

'게다가 빠른 매도도 가능해 보이고.'

먼저 문의했다는 서너 명의 경쟁자 중 한 명 정도는 최저가에 들어올 것 같은 걱정과 명도부터 매도까지 빠르게 가능할 것이라는 확신이 동시에 들었다. 좀 더 많은 수익에 대한 욕심을 내려놓는 대신 확실한 수익을 얻자고 결론을 내렸고, 단독으로 입찰해서 낙찰이 된 것이다.

입찰 마감일 하루 전이라 시간도 없고, 예전에 잠깐 거주했던 터라 대충 알고 있는 동네이기도 하고, 담당자에게 얻은 정보만으로도 사고는 안 나겠다 싶어서 임장도 하지 않았다.

⊙ 관리 안 된 집이라는 인상은 금물

바로 비밀번호를 준다 했으니 잔대금 납부도 빨리 했다. 그동안은 잔대금 납부를 최대한 미뤘는데, 이번에는 이미 명도가 된 것이나 마찬가지라서 그럴 필요가 없었다. 2호 물건 매도 잔금을 받자마자 다음 날 바로 이 물건 낙찰 잔대금 납부를 했고, 약속대로 바로 비밀번호를 받았다. 관리사무소에 가서 미납 관리비 상세 내역을 달라 했더니 전 소유자가 얼마 전 완납했다고 해서 정말 고마웠다.

집 안에 들어가 보니 들은 대로 발코니 벽 페인트에 문제가 있었고 난방을 안 한 지 오래돼서 바닥 타일도 들뜨고 깨져 있었다. 이 상태로 집을 내놓았더니 몇 팀이 보러 왔어도 계약으로 이어지지 않았

[1-7] 페인트 덧칠로 지저분해진 발코니 벽과 들뜬 바닥 타일

[1-8] 3억 원 프로젝트 3호 물건 내부(수리와 청소 후)

다. 관리되지 않고 방치된 집이라는 느낌이 강해서 그랬던 것 같다.

부동산중개소에 1주일간 손님들에게 집을 보여주지 말라고 요청하고 타일 교체와 페인트칠, 그리고 도배와 장판 교체를 했다. 4월 24일부터 5일간 공사를 하고, 주말에 화장실을 비롯해 집 안 곳곳을 깨끗이 청소했다. 5월 1일부터 다시 집을 보러 손님들이 왔고 바로 다음 날 계약이 됐다. 1억 7,000만 원에 내놓았는데, 어린 신혼부부와 그 부모님들까지 돌아가며 깎아달라고 사정하셔서 결국 600만 원을 할인한 1억 6,400만 원에 계약을 했다. 이 물건이 빠르게 매도될 것을 확신하고 이미 다른 물건 하나를 경매로 낙찰받은 터였다. 안전하게 낙찰 잔금 납부를 하기 위해 이번에도 더 흥정하지 않고 빠른 계약을 선택했다.

⊙ 자금 마련 방법

처음으로 낙찰가가 1억 원이 넘는 집이었다. 가장 비싼 물건이었다. 1호 물건 때는 캐피털 대출만 가능했는데 이번에는 부동산매매사업자 주택담보대출이 가능했다. 금리 6%대에 한도는 7,200만 원이었다.

낙찰가	1억 4,677만 7,000원	
대출	약 9,900만 원 (주택담보대출 7,200만 원 + 마이너스 통장 2,700만 원)	
매도가	1억 6,400만 원	
비용	200만 원	도배, 장판(거실 제외) 110만 원
		발코니 바닥 타일, 벽 페인트 90만 원
차익	1,722만 3,000원	

부동산 공매의 정석

단점 있는 물건
매도하기

⌖ 오랜만의 경매

네 번째로 낙찰받은 물건은 공매가 아닌 경매 물건으로, 3억 원 프로젝트 1호 물건의 바로 옆 아파트였다. 첫 투자에서 단기간에 매도까지 했던 좋은 기억이 있어 이번에도 관심이 갔다.

	감정가	8,400만 원
	최저입찰가	5,880만 원(1회 유찰)
	최근 실거래가	9,000만 원
	시세	9,000만 원 선

1호 물건은 OO아파트 '2차'이고 이 물건은 같은 이름을 쓰는 OO 아파트 '1차'였다. 1호 물건은 서향이었지만 이번엔 정남향이었고 면적도 조금 더 넓었다. 조망은 둘 다 괜찮았다. 그러나 세대수는 1호 물건의 1/3 정도밖에 안 되는 한 동짜리 아파트였고, 복도식이라는 것이 큰 단점이었다. 그래서 면적은 약간 더 넓지만 호가나 실거래가는 거의 같은 수준이었다.

1호 물건은 공매였지만 이 물건은 경매라서 더 많은 사람들에게 노출됐을 테고, 공매는 한 번 유찰에 10%씩 가격이 낮아지지만 경매는 한 번에 30%씩 낮아져서 최저가도 상당히 낮기 때문에 조회수도 많고 경쟁률도 높을 것 같았다. 그러니 공매였던 1호 물건 때보다 조금 더 높은 가격에 낙찰이 될 텐데, 입찰을 할까 말까 고민이 됐다. 2호와 3호 물건이 아직 매도되지 않은 상태였기 때문이다. 2호 물건 매도계약 후 잔금을 받기 전이었고, 3호 물건 낙찰 후 낙찰 대금을 납부하기 전이었다. 드문 일이지만 만약 2호 물건 매수자가 계약을 파기해버리면 다른 매수자가 나올 때까지 3호 물건은 잔금 납부가 힘든 상황이 된다. 3호 또한 빠른 명도와 매도를 확신했지만 모든 일이 예상대로 된다는 보장은 없었다. 즉 2호와 3호의 명도나 매도 중 하나라도 지연되거나 어그러지면 이번 경매 물건은 낙찰이 된다 해도 잔금을 납부할 수 없을지도 몰랐다.

고민 끝에, 경매인 점을 감안해서 1호 물건 낙찰가 수준으로 입찰해보기로 했다. 이 가격에 낙찰되면 좋고 패찰해도 아쉬울 건 없다는 마음이었다. 또 최근 공매만 세 번 연속 낙찰이라 경매 법정에 가본 게 언제인지 까마득하고, 입찰하는 방법도 잊어버릴 것 같아 입찰을 했다. 결과는 차순위와 약 170만 원 차이로 낙찰!

"부동산이 바닥을 찍었다"라는 얘기와 "반등을 시작했다"라는 말이 같이 나오는 요즘이지만, 당시는 부동산 경기가 좋지 않을 때라 입찰가를 상당히 보수적으로 책정하는 듯했다. 덕분에 남들보다 욕심을 조금 덜 냈더니 낙찰을 받을 수 있었던 것 같다.

⊙ 강제집행을 고민했던 명도 과정

경매는 낙찰받으면 이해관계인이 되어 법원 경매계에서 사건기록열람을 할 수 있다. 하나의 경매 사건 진행 과정의 모든 자료를 볼 수 있고, 당연히 소유자의 인적사항도 쉽게 파악할 수 있었다. 그렇게 파악한 전화번호로 소유자이자 점유자에게 연락을 했는데 받지 않아서 문자메시지를 남겼다. 다음 날 전화가 왔고, 지금까지 했던 것처럼 이사를 요청하고 내용증명을 보냈다. 첫 통화에서 "당연히 이사 가야죠"라며 6월에 나가겠다던 점유자는 다음 통화 때는 7월 중순에, 그다음 통화 때는 8월 초까지만 기다려달라며 기간이 계속 늘어났다.

그래서 경매에만 있는 부동산인도명령제도를 활용해보기로 했다.

5월 말 잔금 납부와 동시에 부동산인도명령을 신청했고, 인용되고 얼마 후 강제집행 신청도 했다. 강제집행을 신청한다고 바로 집행이 이뤄지는 건 아니고 두 차례 계고를 하며 채무자에게 시간을 준다. 1차 계고는 집행관 혼자 가셨는데 폐문부재라서 증인 두 명과 열쇠공을 불러 2차 계고까지 했다. 2차 계고는 폐문부재일 경우 강제로 문을 열고 들어가 집 안에 계고장을 붙이고 온다. 이때 내부를 살펴볼 수 있었다.

이렇게 7월 중순에 2차 계고까지 마치고 7월 말에는 언제든 본집행 신청만 하면 강제집행으로 명도가 가능한 상황이 됐다. 그런데도 "모월 모일까지는 꼭 나갈 테니 조금만 더 시간을 달라"는 부탁을 차마 거절하기가 어려웠다.

경험 삼아 강제집행까지 해볼까 하는 생각도 했지만 강제집행 비용으로 300~400만 원이 들고, 나중에 채무자에게 청구할 순 있다고 하지만 자력 없는 채무자에게 받을 가능성도 희박해 보이고, 또 2차 계고 때 내부를 보니 학생 자녀들(다 성인이긴 했다)도 살고 있는 것 같아 마음이 약해졌다. 점유자도 연락 한 번 피한 적 없이 항상 정중하게 대해주셔서 그런 식으로 명도를 하고 싶진 않기도 했다. 만약 '나는 모른다, 배 째라' 스타일이었다면 이야기가 달라졌겠지만, 한 가정이 살아왔고 현재도 살고 있는 보금자리를 빨리 넘겨달라고 하는 게 마음에 걸렸다. 냉철한 투자자가 되긴 아직 멀었나 보았다. 아무튼 4월에 낙찰을 받았는데 8월 말이 돼서야 명도를 완료했다.

⊙ 점유자와의 첫 대면

며칠 후 아내와 데이트 겸 청소를 하러 물건지에 갔다. 열심히 청소하고 있는데 점유자로부터 전화가 걸려왔다.

"안녕하세요. 지금 혹시 아파트에 와 계신가요?"

"네. 지금 안에 있습니다."

"그럼 제가 올라갈게요."

이사비 없이 명도를 해서 그동안 마주칠 일도 없었는데 갑자기 올라온다니 덜컥 겁이 났다. 이미 이사 간 지 며칠이 지났는데 무슨 일인가 싶었다. 내가 여기 있는 건 어떻게 알았는지, 이제 와서 이사비를 요구하는 건 아닌지 걱정이 됐다. 별의별 생각을 다 하며 긴장하고 있는데 잠시 후 점유자가 들어왔고, 어색하게 인사를 나눴다.

[1-9] 명도 후 열심히 청소하는 아내

"여기 계량기가 어디 있더라."

"가스계량기는 현관문 옆에 있고요. 전기계량기는 엘리베이터 옆에 있더라고요."

알고 보니 이사 전날 관리비와

공과금 정산을 부탁드린다고 문자메시지를 보냈는데 그때 정산을 못해서 오신 거였다. 사실 이사비도 안 드렸기 때문에 관리비와 공과금 정산은 기대하지 않았는데 말이다. 관리사무소에서는 마침 내가 집에 왔으니(사다리를 빌려서 알고 계셨다) 계량기 확인 겸 나를 만나보라는 오지랖(?)을 부리셨고, 점유자는 계량기가 집 안에 있는 줄 알고 들어오신 거였다. 이사 날짜 미룬 것만 빼면 항상 정중한 태도이긴 했는데 이사 나가고 며칠 후에 정산하러 오실 줄은 몰랐다.

"가스비랑 전기요금은 그냥 제가 내겠습니다."

"아닙니다. 이사 간 집으로 옮기려니 여기를 정산해야 되더라고요."

그렇게 마지막까지 매너 있는 모습으로 서로 잘 사시라며 덕담을 나누고 헤어졌다.

⊙ 예상보다 늦어진 매도

낙찰부터 명도, 매도까지 짧은 시간에 첫 수익을 안겨준 1호 물건과 같은 동네라는 이유로 이번에도 부동산중개소에 내놓기만 하면 금방 매도가 될 줄 알았는데 큰 착각이었다. 부동산중개소에 따르면 낙찰 직후인 4월에는 매수 대기자가 있었지만 4개월이나 지난 지금 그 매수 대기자는 그사이 급한 일로 돈을 다 써버리고 다른 곳에 전세

부동산 공매의 정석

로 들어갔단다.

집을 내놓은 지 한 달이 다 되도록 연락 한 통 없었다. 한 달이 그리 긴 시간은 아니겠지만 예상보다 늦어지니 조마조마한 마음이 들었고 특히 10월에는 나도 목돈이 필요해서 마음이 급해졌다. 이 위기를 어떻게 극복해야 할지 고민해봤다. 일단 매도가 안 되는 이유부터 정리해봤다.

① 도배와 장판을 새로 해서 언뜻 깔끔해 보이긴 해도 정작 매수자가 관심 있는 화장실, 싱크대 등 주요 시설은 수리가 안 된 상태
② 적은 세대수
③ 복도식 아파트

②번과 ③번은 이미 알고 입찰한 것이지만 1호 물건과 이렇게까지 선호도 차이가 날 줄은 몰랐다. 바로 옆 1호 물건 아파트는 계약이 잘만 되는데 내 물건은 소식이 없었다. 이 아파트 전체에서 매물은 내 것 하나뿐인데 바로 옆 아파트가 경쟁 상대인 셈이었다. 결국 가격을 더 낮추는 방법밖에 없었다. 비슷한 면적과 구조, 같은 가격이면 결국 대단지 계단식 아파트를 선택하는 것이 인지상정이니까. 그래서 가격을 대폭 조정했다.

싱크대 교체도 생각했다. 도배와 장판을 새로 해서 전체적으로는

[1-10] 싱크대로 인해 낡아 보이는 주방

깔끔해 보이는데 싱크대가 그대로이니 주방만 더 올드해 보이고 집 분위기와 어울리지 않았다. 싱크대만 교체해도 훨씬 새집 느낌이 날 터였다.

싱크대 교체 가격이 200만 원이라면 싱크대 교체 후 매매가를 200만 원 올려도 일단 보기에 깨끗하니 팔릴 확률은 높아진다. 빠른 매도를 위해서 싱크대를 교체해야겠다고 마음먹었다. 그런데 때마침 매수자가 나타나서 바로 매도가 됐다.

	낙찰가	7,329만 원	
	대출	마이너스 통장 약 1,500만 원	
	비용	175만 원	도배와 장판 135만 원
			주방 타일 40만 원
	매도가	8,700만 원	
	차익	1,371만 원	

[1-11] 수리와 청소 후 내부 모습

매도해도 좋고
임대해도 좋은 물건

◎ 인수할 보증금 알아내기

3억 원 프로젝트 5호 물건은 충남의 아파트로 매도를 하고, 6호 물건
은 경기도 하남시 신축 아파트였다. 아너스클럽 추천 물건 중 하나였
다. 참고로 행꿈사 아너스클럽은 투자자 모임으로 정충진 변호사가
직접 물건을 선정, 추천해주신다. 우량한 특수 물건도 있어 저렴하게
낙찰받아 소송을 통해 전설적인 수익을 낸다. 하남시 아파트는 복잡
한 특수 물건은 아니지만 보증금 미상의 선순위 임차인이 있는 물건
이라 상당히 많이 유찰됐다. 현재 내 상황과 보유자금, 향후 계획에
도 잘 맞는 물건이라고 판단해서 입찰을 결심했다.

	감정가	6억 1,000만 원
	최저입찰가	2억 923만 원
	매매 시세	6억 2,000만 원(최고 실거래가 7억 원대)
	전세 시세	4억 3,000만 원(최고 실거래가 5억 원대)

　그런데 인수할 보증금이 얼마인지는 어떻게 알 수 있을까? 임차인의 전입일자와 전세계약을 맺은 시점으로 파악할 수 있다. 보통 계약서를 쓰고 이사까지 2개월쯤 걸리기 때문에 임차인 전입일(매각물건명세로 파악) 기준 2~3개월 전에 국토교통부 실거래가공개 시스템(국토부 실거래가 사이트)에 신고된 계약이 있는지 확인하면 된다. 이는 여러 가지 방법 중 하나일 뿐이고 다른 방법으로 반드시 크로스체크를 해야 한다. 확인한 결과, 인수할 보증금은 2억 6,250만 원이었다.

　들여다볼수록 장점이 많은 물건이었다. 첫째, 가격 메리트가 있었다. 감정평가금액이 6억 원이 넘는데 최저입찰가가 2억 923만 원이 될 때까지 유찰이 됐다. 보증금 미상의 선순위 임차인이 있기 때문이다. 선순위 임차인이 있어서 대출이 나오지 않는다 해도 이 정도면 대출 없이도 잔금을 치를 수 있었다. 선순위 임차인 보증금 2억 6,250만 원을 인수해야 하지만, 현 임차인과 시세대로 다시 전세계약을 해서 올려 받거나(계약서상 계약기간 종료, 계약갱신청구권도 이미 사용함) 명도 후 새로 전세를 놓으면 선순위 임차인 보증금을 상환하고도 약 1억 7,000만 원을 회수할 수 있다(4억 3,000만 원에 전세를 놓는다고 했을 경우).

둘째, 입지가 괜찮았다. 하남은 경기도에서는 과천, 광명, 성남과 더불어 가장 늦게까지 조정대상지역으로 남아 있다가 2023년 1월 마지막으로 해제된 지역이다. 경기도에서도 나름 상급지라는 의미다. 개인적으로도 관심 있고 살고 싶은 지역 중 하나이기도 했다. 이 물건은 구도심 쪽이라서 미사신도시처럼 잘 정비된 건 아니고 주변이 노후화되어 있긴 하지만 현재 자금 사정으로 선택할 수 있는 물건 중에서는 매우 좋아 보였다.

셋째, 실거주도 가능했다. 준공 5년 미만의 신축이면서 4인 가족이 살기에도 가능한 면적이라 마음에 들었다. 경·공매 투자를 하기 전에 갭투자로 취득한 주택이 있었다. 취득 후 임차인의 전세계약 기간이 끝나는 시점(일시적 2주택 비과세 기간 3년이 끝나기 전)에 기존주택을 먼저 매도하고 갭투자 주택으로 이사를 갔다면 거주하고 있던 집과 갭투자 주택 둘 다 비과세로 매도할 수 있었다. 그런데 갭투자로 취득한 주택은 17평이라 우리 4인 가족이 실거주하기는 어려웠다. 머뭇거리는 사이에 일시적 2주택 비과세 기간인 3년이 지나가버렸고, 최근에야 갭투자 주택을 먼저 매도했던 것이다(일반과세). 그에 비해 이 물건은 우리 가족도 살 수 있는 면적이고 신축이라서 필요할 경우 얼마든지 실거주도 가능해서 좋았다.

넷째, 이번에는 단기 매도가 목적이 아니었다. 지금까지 경·공매로 낙찰받은 물건들은 단기 매도를 통해 수익을 냈는데, 얼마 전에 몇 년 보유하다가 매도한 갭투자 물건에서 훨씬 큰 매매차익을 얻었다. 단기 매도도 좋지만 그것만이 능사는 아니구나 하는 생각이 들었다. 종잣돈도 늘었고 1주택자가 됐다. 다시 일시적 2주택 비과세 세팅이 가능해진 것이다.

그동안은 2주택자이면서 종잣돈이 적은 상황에서 할 수 있는 방법을 찾다 보니 단기 매도로 돈을 불려나가는 방식을 선택했던 것이고, 이번에는 상황이 달라져서 굳이 1억 원 이하 물건의 단기 매도만 고집할 필요가 없어졌다.

장기 보유하면 그 기간에 비례해서 무조건 값이 오른다고 생각하지는 않는다. 하지만 좋은 위치의 가치 있는 물건을 저렴하게 취득할 수 있다면 언젠가는 분명 좋은 기회가 오리라고 판단했다.

◉ 단기 매도보다 전세 임대 선택

이 물건을 통해 수익을 내는 방법은 두 가지가 보였다. 첫 번째, 일단 전세를 놓아 투자금 일부를 회수하고, 일시적 2주택 비과세 기간 내에 현재 거주주택을 먼저 비과세로 매도한다. 이후 이 물건도 비과세 매도하면 수익을 극대화할 수 있다.

두 번째, 단기 매도도 가능하다. 이 물건은 약 5억 3,750만 원에 취득한 셈인데(낙찰가 2억 7,499만 원 + 인수할 임차인 보증금 2억 6,250만 원)

저층 최저 호가가 6억 원이니 최저 호가에만 팔아도 매매차익이 약 6,000만 원이고, 동과 층을 고려한 시세대로 팔면 1억 원이 넘는 차익이 발생한다. 다만 지금은 매도하기에 적절한 시기가 아니라는 생각이라 급히 처분하지 않고 2년 보유 후 비과세로 매도하는 방법을 선택했다.

현재 상황은 명도 후 4억 3,000만 원에 새로 전세 임차인을 들인 상태다. 결과적으로 약 1억 원(5억 3,750만 원 - 4억 3,000만 원)을 들인 갭투자로 아파트를 산 셈인데, 하남에서 5년 미만 신축 아파트를 1억 원 정도에 취득한 결과라서 상당히 만족스럽다.

	낙찰가	2억 7,499만 원
	전세가	4억 3,000만 원(1억 원 갭투자)

경·공매로
1년에 1억 원 버는 아빠

행무기

지난 2년 동안 7개 물건을 낙찰받았다. 하남 아파트는 아직 매도하지 않았으니 수익을 확정할 순 없지만 시세대로 매도한다면 1억 5,000만 원 정도의 수익이 발생한다. 최종적으로는 2년 내에 3억 원을 달성하지 못했지만, 3,000만 원이 아닌 1,000만 원의 종잣돈으로 시작했으니 프로젝트에 성공했다고 할 수 있다. 최근 서울 주요지역부터 시작된 상승의 기운이 주변으로 번져 하남까지 도달한다면, 향후 6호 물건을 비과세로 매도할 경우 더 큰 수익으로 돌아올 가능성도 매우 높다.

지나온 과정들을 돌아보면 서툴고 미흡한 부분이 많았다. 운 좋게일이 잘 풀리기도 했지만 예상과 다른 방향으로 일이 진행되면서 스트레스를 받을 때도 있었다. 한 번은 손해를 보기도 했다. 그런데 이런 스트레스마저 즐거움으로 다가왔다.

'앞으로 평생 할 일인데 언젠가는 겪게 될 경험을 드디어 해보는 구나.'

'나를 더 단단하게 키워주려고 이런 시련이 왔나 보다.'

다행히도 경·공매 투자가 적성에 맞아서 좋다. 정년퇴직 없는 평생의 직업을 얻게 된 것 같고, 나름대로 노하우가 쌓이고 실력이 늘어날수록 나라는 사람도 함께 성장하는 것 같아서 좋다.

처음 경·공매 투자를 하기 위해 공부를 시작했을 때 아내는 반대를 했다. '경매'라는 단어에서 오는 막연한 불안함도 있었을 테고, 수십만 원에서 수백만 원에 달하는 수강료가 놀랍기도 했을 것이다. "그런 거 꼭 해야겠어?"라고 묻기도 하고, 행꿈사 카페를 들여다보고 있으면 "거긴 뭐 하는 집단이야? 믿을 만한 데야?"라고 묻기도 했다. 그래도 하겠다고 마음먹으면 어떻게든 하고야 마는 성격을 알아서인지 뜯어말리지는 못했다. 그렇다고 응원해주는 것도 아니었다. '어디 한번 해봐라' 하는 심정으로 지켜보았던 것 같다.

그러다 처음으로 낙찰이 되어 수익을 내고, 장모님께 겨울 코트도 선물해드리고, 연달아 2호, 3호 물건에서도 수익을 냈더니 그때부터는 물건 보러 갔다 온다고 하면 그날은 혼자 아이들도 봐주고 응원하는 자세로 바뀐 것 같다. 지금은 물건 청소하러 온 가족이 같이 가서 청소 후 실내 캠핑으로 하룻밤을 보내고 그 지역 유명한 장소도 관광하는 '명도여행'을 다녀오기도 한다. 경·공매 투자가 우리 생활

의 일부가 되어버렸다.

경·공매 투자를 하면서 인생에서 많은 부분이 변했다. 가장 크게 달라진 것은 이제는 예전만큼 가성비를 따지지 않는다는 것이다. 마트에서 아이들이 먹을 음식을 살 때 가격이 아닌 원산지와 성분을 보고 고를 수 있게 된 것만으로도 이미 행복하다.

수익이 날 때마다 가족여행을 가는 것도 즐겁다. 예전에는 여행 한 번 가려면 큰맘을 먹어야 했는데, 이제는 수익이 생기면 가족여행을 가면서 함께 추억을 만들고 얼른 다음 물건을 또 낙찰받고 싶다는 동기부여가 되기도 한다.

아직 부자는 아니지만 근로소득 이외의 방법으로도 돈을 벌 수 있다는 사실을 알게 되어 기쁘다. 앞으로도 계속 노력하면 지금보

부동산 공매의 정석

다 더 나은 인생을 살 수 있을 것 같다는 희망을 얻게 된 것에도 감사하다.

2장

왜 경매보다
공매인가

01

목표를 낮추면
실현 가능성이 높아진다

빌리언

1장을 통해 3억 원 프로젝트가 결코 허황된 이야기가 아님을 확인했다. 행무기님의 경험담에 이어 나의 3억 원 프로젝트 이야기도 소개해본다.

3억 원 프로젝트를 시작하는 물건으로 경기도 안성시 중리동 아파트를 선택한 첫 번째 이유는 수요가 분명히 있기 때문이었다. 주변에 다른 아파트가 없고 2개 단지로 구성된 이 아파트는 차로 10분 거리에 대규모 산업단지가 있었다. 산업단지 내 종사자와 인근에 거주하는 수요가 늘 있고, 직원 기숙사로 활용하기 위해서 임차를 하거나 매수하는 회사도 꾸준하게 있었다. 모든 부동산이 그렇듯이 매수할 사람이 있는지 파악하는 것이 매우 중요하다.

두 번째 이유는 적절하게 낮은 금액으로 유찰되었기 때문이다. 지나치게 낮은 금액으로 유찰되면 낙찰가가 더 높아지기 때문에 너무 높지도 낮지도 않은 최저매각가격일 때가 좋은 입찰 타이밍이다. 게다가 공시가격이 1억 원 이하라 취득세 중과 배제 대상이었다. 2021년 당시 법인을 포함하여 투자자들 사이에 공시가격 1억 원 이하의 주택을 매수하는 붐이 일고 있었다. 공시가격 1억 원 이하 물건은 시세대로 낙찰되기도 했다. 그래도 금세 2,000~3,000만 원씩 상승했기 때문에 경매에서 경쟁이 치열했다.

이 아파트는 신탁회사에서 매각하는 물건이었는데, 신탁재산 공매 물건은 신탁회사 사이트에서 검색해야 하고 아파트도 많지 않아 물건 찾기가 쉽지 않다. 검색하기도 어려운데 물건도 많지 않으니 검색하는 사람도 많지 않다. 신탁재산 공매 유찰주기는 1주일 이하로 짧아서 미처 물건을 발견하지 못하기도 한다.

이러한 이유로 시세 1억 2,000만 원이던 이 물건을 2021년 4월 9,890만 원에 낙찰받았다. 시세보다 약 2,000만 원 저렴하게 취득한 것이다. 2021년 6월에 1억 1,000만 원에 전세를 놓으면서 투자금 전액을 회수하는 동시에 종잣돈 3,000만 원이 4,000만 원으로 늘어났다. 기존 임차인 사정으로 2022년 7월에는 임차인이 바뀌면서 당시 시세대로 1억 4,000만 원에 계약을 했다. 보증금 3,000만 원이 증액되면서 이 물건 하나로 종잣돈 3,000만 원이 7,000만 원으로 불어났다. 2년 뒤인 2023년 4월에는 임차인을 끼고 1억 4,100만 원에 매도를 했다.

- 2021년 4월: 9,890만 원에 낙찰. 투자금 1,000만 원(대출 90%)

- 2021년 6월: 1억 1,000만 원에 전세계약. 원금 회수 + 2,000만 원

- 2022년 7월: 1억 4,000만 원에 새로운 전세계약. 보증금 증액 3,000만 원

- 2023년 4월: 1억 4,100만 원에 매도. 단순차익 4,300만 원, 양도소득세 600만 원

이처럼 전세로 보유했지만 매도를 해도 현금이 줄지 않고 오히려 늘어나면서 지속적인 투자를 할 수 있게 된다.

매번 100% 이상 투자금을 불리는 투자를 하기는 어렵다. 그러나 50%를 불릴 수 있는 투자는 쉽다. 비규제지역에서 단기 매매로 3,000만 원을 50%씩 불리는 투자를 1년에 3건만 해낸다면, 종잣돈은 1억 125만 원으로 불어난다.

- 1회 3,000만 원 × (1 + 0.5) = 4,500만 원

- 2회 4,500만 원 × (1 + 0.5) = 6,750만 원

- 3회 6,750만 원 × (1 + 0.5) = 1억 125만 원

혹은 매번 1,500만 원씩 수익을 내는 것으로 목표를 낮춰보자.

- 1회 3,000만 원 + 1,500만 원 = 4,500만 원

- 2회 4,500만 원 + 1,500만 원 = 6,000만 원

➡ 3회 6,000만 원 + 1,500만 원 = 7,500만 원

목표를 낮추면 실현 가능성이 높아지며 대출액도 점점 줄일 수 있다 (이 과정은 유튜브 채널 행꿈샤TV에서 볼 수 있다). 부동산 가치의 상승 없이도 1건의 투자로 3,000만 원을 투자해 1,500만 원의 수익은 충분히 낼 수 있다. 누구나 할 수 있고, 대단한 지식이 필요하지 않다. 성실하게 수요와 시세 조사를 하고, 겪을 수 있는 리스크를 사전에 파악할 수 있다면 투자를 이어나갈 수 있다.

부동산 공매의 정석

등산로에는
산삼이 없다

나땅

공매 투자로 누구나 부를 만들어갈 수 있다. 우리를 부자의 길로 이끌어줄 공매에 대해 이제부터 차근차근 함께 알아가보자.

많은 이들이 공매보다는 경매로 부동산 투자를 시작한다. 그 이유 중 하나는 교육하는 곳이 많기 때문이다. 경매에 관해서는 책도 많고 강의도 많다. 그러니 경매는 입찰자가 많고 낙찰가는 입찰자수와 비례해서 올라간다. "등산로에는 산삼이 없다." 경영컨설팅 스승이 해주신 말이다. 사업가로서 조언을 하신 것이었지만 이 말은 경매에도 적용된다.

경매는 매각기일에 법원에 직접 가서 입찰을 해야 한다. 평일에 법원에 갈 수 있는 사람이 얼마나 될까 싶지만 실제로 경매 법정에 가면 놀라게 된다. 생각 이상으로 많은 사람이 입찰한다. 게다가 막상 입찰을 해보면 예상보다 훨씬 높은 낙찰가에 절망한다. 물건의 크기에 맞는 수익이 있는데, 그보다 많은 수익을 기대하면 영락없이 패찰한다. 많은 이들이 다니는 등산로 같은 수도권 소액 아파트는 '500만 원만 싸게 사도 좋다' '수익은 안 봐도 경매를 경험해보는 것만으로 만족한다'라고 생각하는 사람도 많다. 욕심을 버리고 입찰해야 한다.

반면 공매는 인터넷으로 입찰한다. 입찰기간 또한 충분하게 주어진다. 압류재산 공매의 경우 월요일 오전부터 수요일 오후까지 입찰할 수 있다. 그럼에도 불구하고 개찰 결과를 보면 생각보다 입찰자가 많지 않다. 많은 사람이 입찰하는 물건도 있지만 평균적으로 경매보다 적다. 예상하는 낙찰가 또한 경매보다 낮게 형성되어 있다. 공매는 경매에 비해 물건의 개수가 적고 정보가 부족하며 권리분석이 까다로운 편이다. 권리분석이란 권리들의 순위를 매겨 누가 먼저 된 권리인지, 낙찰자에게까지 주장할 수 있는 권리가 있는지를 판단하는 것이다.

또한 경매는 점유자가 나가지 않으면 법원에서 인도명령을 하고 강제집행을 한다. 명도가 안 되는 일이 절대 없다. 공매는 인도명령 제도가 없어서 명도가 잘 안 되면 소송까지 가야 한다. 이런 심리적인 장벽 때문에 공매는 경매보다 낙찰가가 낮고 따라서 기대수익이 높은 편이다. 공매는 경매보다 더 난도 높은 투자라고 할 수 있다.

그럼에도 불구하고 공매가 유리한 이유는 입찰을 인터넷으로 하기 때문이다. 공동인증서로 전자입찰을 하기 때문에 회사 업무에 지장을 받지 않는다. 시세 조사나 임장은 여가시간에 하고 회사나 집에서 전국 어디나 입찰이 가능하다. 굳이 휴가를 내거나 법원에 가지 않고도 집에 앉아서 1,000만 원씩 벌 수 있다.

중산층이 무너지고 서민들은 삶이 나아지지 않아서 집에서 하는 부업, N잡 아이템들이 유행이다. 직장에서 일하는 시간도 모자라 여가시간에는 부업까지 쉬지 않고 일을 한다. 내가 아는 20대 청년은 N잡을 하다가 쓰러져 응급실에 실려 갔다. 공매가 N잡보다 나은 이유는 다음과 같다.

첫째, 지금 하고 있는 일과 병행할 수 있다.
둘째, 시간과 돈을 1:1로 교환하지 않아도 된다.
셋째, 정년 없이 평생 수익을 낼 수 있다.
넷째, 자본과 실력이 늘수록 수익이 점점 커진다.

공매는 물건의 개수가 적고 권리분석이 까다로워 공부하는 사람이 적다. 공매 종류도 많고 검색도 체계적이지 않아서 그런 것이 있는지조차 모르는 사람도 많다. 혹시 신탁재산 공매라고 들어봤는가? 간단히 말해 신탁회사에서 보유한 물건을 파는 것이다. 신탁재산 공매가 생소하게 들리는 것이 바로 공매가 경쟁이 적다는 증거다.

공매는 명도가 어렵다는 선입견 때문에 경쟁이 적기도 하다. 협의가 되지 않으면 명도소송을 해야 한다. 하지만 낙찰자가 소송에서 지는 경우는 없다. 명도가 필요 없는 경우도 많다. 국유재산 공매는 공무원 아파트나 공공기관 관사로 사용하던 부동산을 매각하는 것이다. 국유재산이나 공유재산은 공실 상태로 매각되는 것이 보통이다.

명도는 사건마다 또 점유자마다 상황이 다르고 우리는 그 상황을 이미 알고 입찰하기에 마냥 두려워할 필요는 없다. 소유자가 사는지, 보증금을 잃은 임차인이 사는지, 보증금을 다 받는 임차인이 사는지, 공무원 관사로 사용하던 물건이라 이미 명도가 되어 있는지, 이 부동산을 누가 사용하고 있는지 이미 알고 선택하는 것이다. 명도를 당하는 입장이 심적으로 훨씬 부담스럽다는 것을 기억하자.

여러 번 입찰을 하는 데 유리하다는 것도 공매의 장점이다. 자녀를 돌보는 주부, 직장인, 자영업자는 기일에 맞춰 법원에 가는 일도 쉽지 않다. 대리인이든 본인이든 반드시 정해진 날짜와 시간에 법원에 방문해야 한다. 아이들이 하교하는 시간에 맞춰서 엄마는 집에 들어와야 하고 자영업자, 직장인은 언제 낙찰될지 모르는데 언제까지나 휴가를 쓸 수도 없는 노릇이다. 반면 공매는 인터넷으로 입찰하기 때문에 낙찰될 때까지 여러 번 도전하는 것이 어렵지 않다.

여가시간에 무엇을 하는지가 당신의 5년 후를 결정한다. 평일에 보내는 시간이 현재 당신의 정체성이다. 혹시 아무 생각 없이 OTT를 뒤적거리면서 주말 내내 보내고 있지는 않은가? 주 5일 일하고 주말에는 쉬면서 부자가 되고 싶다고 말하는가? 주 5일 열심히 일하는 것으로는 우리의 미래를 바꿀 수 없다. 세계 최고의 부자 일론 머

부동산 공매의 정석

스크는 주 7일을 열심히 일한다. 우리가 원하는 경제적 자유의 모습은 시간도 많고 돈도 많은 것이다. 아니면 머스크처럼 좋아하는 일을 열심히 하면서 돈이 많은 것도 꽤 멋있다. 돈은 많지 않으나 원하는 일을 하면서 여유로운 시간을 보내는 것도 괜찮다. 가장 좋지 않은 것은 싫어하는 일을 하면서 돈도 못 벌고 바쁜 것이다. 바쁜 이유를 찾고 일정을 정리해서 한가해져라. 한가해져야 다른 일을 할 수 있는 여력이 생긴다.

나땅의 쏠쏠 정보

부동산 투자로 수익을 내려면

1. 남들이 하지 않는 것을 한다.
2. 남들이 못하는 것을 한다.
3. 남들보다 많이 도전한다.

03

고수들 속에서
초보가 수익을 낼 수 있을까

나땅

부동산 분야, 특히 경·공매에는 히어로들이 많다. 엄청난 문제들을 해결해나간 스토리를 듣다 보면 도무지 해낼 엄두가 나지 않을 정도다. 내 경쟁자가 저런 사람들이라고 생각하니 이제야 공부를 시작해서 수익을 내기는 어렵겠다는 생각이 든다. 이렇게 힘들게 공부하는데 결국 낙찰도 못 받는 건 아닐지, 낙찰을 받는다 해도 사고가 나서 해결을 못 하는 건 아닐지 늘 걱정이 된다.

하지만 초보도 수익을 낼 수 있다. 이렇게 단언하는 이유는 초보는 고수와 경쟁하는 것이 아니기 때문이다. 고수는 초보가 입찰하는 물건에 입찰하지 않는다. 고수들은 경쟁이 적고 수익이 높은 물건에 입찰한다. 초보는 다른 초보와 경쟁하는 것이다. 그래서 초보에게도 늘 기회가 있다. 게다가 지금은 취득세 중과 때문에 다주택자는 주택

부동산 공매의 정석

투자를 하지 않는다. 투자 시장에는 많은 이들이 끊임없이 유입되고 또 사라진다. 끝까지 해내는 것만 해도 상위 5%에 속한다.

또한 종잣돈이 적어도 수익을 낼 수 있다. 종잣돈이 적은데 지식까지 적을 때 투자에 성공하기 어려운 것이다. 많은 이들이 공매 절차에 대해 두려움을 갖는다. 공매에 대한 지식이 없어서 실수를 하고 사고가 나거나 손해를 보면 어쩌나 생각한다. 그런데 공매 집행기관인 한국자산관리공사는 아무 문제가 없는 것을 목표로 한다. 물건에 문제가 없는 것이 기본이다.

공매로 수익을 내기 어려운 경우는 두 가지다. 첫째는 공매에 대해 최소한의 공부도 하지 않은 경우다. 두 번째는 무엇에 입찰할지 기준이 없는 경우다. 실제로 해보면 수익이 나는 가격에 낙찰 가능한 물건을 찾는 일이 관건이다. 물건 찾는 일은 투자를 하는 이상 계속해야 하는 고민이고, 고수라고 이 고민을 피해 갈 수는 없다. 더욱이 부동산을 잘 모르는 초보는 아는 지역이 한정적이고 소액으로 투자하려 하기 때문에 마땅한 물건을 찾기가 더 어렵다. 입찰을 해도 낮은 금액을 써서 여러 번 패찰하게 마련이다.

공매 투자란 물건을 고르고 권리분석을 하고 시세를 조사해서 입찰하고 낙찰받는 일이다. 이 과정을 스스로 할 수 있으면 수익을 낼 수 있다. 일반 매매는 매도자가 팔겠다는 가격에 사지만 공매는 내가 가격을 정한다. 일반 매매로도 수익 내는 사람이 많거늘 싸게 낙찰받는데 수익을 왜 못 내겠는가? 일반 매매로 수익을 내려면 미래의 가격을 예측해야 하지만 공매는 현재 시세 이하로 낙찰을 받는 것이다.

현재의 부동산 정책은 주택수에 따라 취득세를 중과한다. 예를 들어 무주택자나 1주택자가 3억 원의 주택을 매수하면 취득세가 300만 원 정도지만, 3주택 이상인 사람은 매매가의 12%인 3,600만 원을 낸다. 사실상 다주택자들은 취득세가 중과되는 주택에 입찰을 못한다. 3억 원짜리 주택을 5,000만 원 싸게 낙찰받아도 취득세만 3,600만 원을 내니 수익이 나지 않는다.

부동산 고수들은 이미 주택이 있다. 공매 투자 고수들은 주택수가 많은 편이므로 취득세가 중과되는 공시가격 1억 원 이상의 주택은 사실상 입찰을 못한다. 따라서 초보는 공시가격 1억 원 이상, 즉 취득세가 중과되는 아파트를 노리는 것이 고수와의 경쟁을 피하는 방법이다. 다주택자들은 우리보다 취득세를 10배 더 내야 하기 때문에 낙찰가를 높게 쓸 수 없다. 가능한 한 최대 투자금으로 시도해서 나보다 종잣돈이 적은 사람이 입찰하는 물건을 피하는 것도 한 방법이다. 이처럼 경쟁을 피하면서 내게 유리한 시장을 찾을 수 있다.

강남, 서초, 송파, 용산을 제외하고는 모두 비규제지역인 현재 시점에서 2주택까지는 취득세 중과나 세금 규제가 없다. 3주택 이상을 소유할 것인지는 선택의 문제이고 그렇게 많은 주택을 가져야만 부자가 되는 것도 아니다. 또한 부동산 투자가 처음이라면 시세가 투명하고 거래가 확실한 아파트로 승부를 보자.

치열한 소액 투자 경쟁에서 살아남으려면

빌리언

난도가 낮고 소액의 종잣돈으로 투자할 수 있는 물건은 운신의 폭이 한정적인 데다 경쟁자들은 많다. 낙찰된 공매 물건의 조회수와 낙찰가의 관계를 보면, 조회수가 높을수록 낙찰가도 높다. 많은 이가 참여한 만큼 적은 수익으로 만족하는 참여자도 많기 때문이다. 이런 상황에서 할 수 있는 선택은 같은 기간에 적은 수익을 더 자주 만들어내는 것이다. 낙찰부터 매도까지 소요되는 시간을 줄이고 횟수를 늘리는 방법이다.

그런데 낙찰부터 매도까지의 과정에는 상당히 많은 변수가 존재한다. 시간을 줄이는 것은 마음대로 할 수 없다. 대표적인 것이 명도다. 점유자는 자금 마련을 못하거나 인근에 조건에 맞는 집이 없어이사를 계획대로 못할 수 있다. 처음 예상과 다르게 명도기간이 길어진다. 철저한 조사를 바탕으로 진행한다 해도 모든 변수를 통제할 수는 없다. 따라서 낙찰부터 매도까지 1회의 과정에 소요되는 시간은 여유 있게 진행하고, 줄일 수 있는 비용을 아껴서 1회 투자에서 만들어내는 수익을 크게 만드는 것도 방법이다.

◎ 조회수 적은 물건을 찾아라

많은 이들이 조회하고 입찰하는 물건으로는 수익의 크기에 변화를 주기 어렵다. 경쟁은 다음과 같이 의외의 지점에서 낮출 수 있다.

유찰된 이력이 없는 물건

'신건'이라 부르는 물건 중에서 시세보다 저렴한 물건을 찾는다. 사람들은 여러 번 유찰된 물건을 먼저 보고, 또 많이 본다. 이제 막 기일이 잡혀서 처음 매각되는 물건은 시세와 가깝다는 생각 때문에 대부분 관심을 덜 갖는다. 유찰 이력이 있는 물건은 제외하는 조건으로 시세보다 낮은 금액에 매각되는 신건을 먼저 검색해보자.

아파트는 손쉽게 시세 조사를 할 수 있다. 네이버페이부동산 등 온라인 서비스를 통해 최근 실거래와 KB부동산 시세, 호가 등이 빠르게 파악된다. 보통은 감정평가금액이 시세와 비슷하거나 높다. 감정평가 시점 이후 시세가 오른 경우는 감정평가금액보다 시세가 높은데, 이럴 때 기회가 있다. 조회수가 절대적으로 적고, 시세보다 낮게 감정평가가 되어 있는 물건을 찾아라. 신건 투자법은 급격하게 시세가 상승하고 있는 지역에서 빛을 발하게 된다. 감정평가 시점과 공매 매각기일 사이에는 2~3개월 정도의 시차가 있다. 이 사이에 시세가 상승했다면 신건이라는 점에서 경쟁을 피하면서도 수익을 낼 수 있는 금액에 낙찰받을 수 있다.

조회수가 적은 물건만 검색해서 경쟁을 피하면 패찰을 줄이고 1회 과정에서 얻는 수익을 좀 더 크게 만들 수 있다.

업무용으로 분류된 아파트

아파트와 오피스텔이 복합으로 건축된 건물이 있다. 이런 물건은 용도가 오피스텔로 표시되지만 건축물대장상 아파트다. 오피스텔보다 아파트는 시세가 높기 때문에 용도 간의 가치 차이를 포인트로 잡아서 경쟁을 피하는 방법으로 활용할 수 있다.

◎ 수익을 올리는 매도 방법

부동산매매사업자로 매도하기

과세표준이 1억 원 이하일 경우 1년 이내에 매도하려면 부동산매매사업자가 가장 유리하다. 2024년 3분기 현재 투자 환경에서는 1년 이내에 부동산매매사업자로 매도하거나, 2년 이상 보유 후에 일반 과세로 처분하는 방법이 권장된다. 주택을 1년 이내에 매도하면 양도소득세 중과세율 77%가 적용되어 순수익이 줄어든다. 하지만 개인이 부동산매매사업자 등록을 해서 비규제지역 부동산을 처분하고 사업소득으로 신고하면 중과세를 피할 수 있다.

법인으로 부동산을 매도하면 과세표준 2억 원 이하일 때 법인세율 9%로 납부한다. 법인이 주택을 매도하면 기본 법인세율에 20%p 중과된 세율이 더해지는 것이다. 법인은 양도차익의 30% 정도를 납부한다고 보면 된다. 법인은 비주택을 매도할 때 유리하고, 주택은 개인 명의의 부동산매매사업자가 유리하다. 개인 부동산매매사업자는 과세표준이 5,000만 원일 때 양도소득세와 지방소득세를 더해 700만 원 정도를 납부한다.

이처럼 개인, 개인사업자, 법인사업자의 단기 매도 시 적용 세율을 비교해 보면 개인사업자로 투자를 이어나가는 것이 유리함을 알 수 있다. 단, 개인사업자로 신고한 사업소득은 다음 해 종합소득세를 신고할 때 근로소득과 더해져 종합소득세의 과세표준이 된다. 개인사업자로 신고한 사업소득이 높거나 근로소득이 높다면, 높은 종합소득세율이 적용될 수 있다.

2년 이상 보유하고 매도하기

개인이 주택을 2년 이상 보유하면 기본세율로 양도소득세를 신고할 수 있다. 이 기간은 임대차계약 기간과도 같기 때문에 취득 후 임대를 하고 2년 후 매도하면 된다. 양도소득세는 종합소득세의 과세표준에 합산되지 않는다. 소득이 많고 보유할 가치가 있는 물건이라면 2년 보유 후 매도하는 것도 절세 방법이다.

05

수익률을 높이는
절세 전략

빌리언

⊙ 취득가액과 공시가격

취득세는 주택을 취득할 때마다 납부해야 하고, 입찰가에 영향을 주는 만큼 명확하게 이해해야 한다. 취득세 중과를 받는 입장이라면 입찰가를 낮게 정할 수밖에 없다. 만약 주택 취득가액이 6억 원 이하라면 취득세율은 기본적으로 1%다. 6억 원 초과~9억 원 이하라면 취득가액에 비례해 세율이 높아진다. 9억 원 초과 주택은 3%가 적용된다. 여기에 주택의 크기와 중과 여부에 따라 지방교육세와 농어촌특별세가 다르게 더해진다.

[2-1] 취득세율

주택수	규제지역		비규제지역
1주택	6억 원 이하: 1%		
	6억 원 초과~9억 원 이하: 1~3%		
	9억원 초과: 3%		
2주택	8%		
	일시적 2주택 제외		1~3%
3주택	12%		8%
법인/4주택 이상	12%		12%

취득세는 과세표준에 세율을 곱해 산정한다. 보통은 취득가액이 과세표준이다. 공시가격보다 낮은 금액으로 취득하면 공시가격과 취득가액 중 높은 쪽이 과세표준이 된다. 공시가격은 취득가액보다 낮은 경우가 대부분이지만 간혹 취득가액보다 공시가격이 높은 경우도 있으니 유의해야 한다.

공시가격은 정부가 '부동산 가격 공시에 관한 법률'에 따라 형평성 있게 세금을 부과하기 위해서 매년 발표하는 부동산 가격이다. 공동주택의 공시가격은 4월 말 정도에 공시된다. 따라서 1월에서 4월 사이에 주택을 취득한다면 공시가격 발표 전이므로 전년도 공시가격이 기준이 된다.

공시기준일(매년 1월 1일) 이후 거래된 주택은 공시기준일 이후의 공시가격에 따라 취득세를 정정해 신고해야 한다. 따라서 1~4월에 취득하는 주택에 대해서는 혹시라도 취득세가 다르게 적용될 가능성이 있는지 세무사와 상담이 필요하다. 취득세 신고를 잘못하면 추후에 과징금이 부과될 수 있으니 유의해야 한다.

만약 임차인이 인수되는 경우라면 낙찰가에 임차인의 보증금을 더한 금액으로 취득세를 내야 한다. 전세임차인을 인수하며 매수하는 갭투자처럼 취득세를 내는 것이다. 가령 전세보증금 2억 원이 있는 아파트를 3억 원에 사면, 매도인에게 1억 원을 주고 일단 소유권을 가져온 이후 계약 만료 때 2억 원을 임차인에게 돌려준다. 이때 취득세를 1억 원으로 신고하는가, 3억 원으로 신고하는가? 3억 원으로 신고해야 한다.

지분인 물건에 투자할 때도 과세표준은 주택 전체 가격이다. 지분으로 저렴하게 취득한다고 과세표준이 낮아지는 것은 아니다. 예를 들어 공시가격이 1억 원을 초과하는 주택의 2분의 1 지분 물건을 취득할 때, 공시가격 1억 원 이하로 취득세가 적용되는 게 아닐까 생각할 수 있다. 하지만 취득세는 주택 전체의 가격을 기준으로 결정된다.

⊙ 취득세를 더 내지 않으려면

가산세가 부과되지 않도록 한다

대항력 있는 임차인의 보증금을 인수하는 경우 낙찰가에 인수되는 보증금을 더해서 취득세를 신고해야 한다고 했다. 혹시라도 위장 임차인 물건으로 판단하고 낙찰을 받는다 해도, 가령 보증금이 1억 원이라면 이 금액을 더해 신고하는 것이 안전하다. 5,000만 원에 낙찰을 받았다고 취득가액을 5,000만 원으로 해서 취득세를 신고했다가, 임차인의 보증금이 사실인 것으로 판명된다면 추후에 가산세가 부과되기 때문이다. 납부했어야 하는 취득세를 납부하지 않은 기간만큼 불이익을 주어 그만큼 더 높은 세금을 징수하는 것이다. 애매한 경우라도 일단 납부하고 나중에 돌려받는 것이 세금을 줄이는 방법이다.

중과세를 피한다

2주택자가 비규제지역에서 세 번째 주택을 취득하면 취득세율이 8%이다. 규제지역에서 세 번째 주택을 취득할 때는 12%다. 2024년 현재 강남 3구와 용산을 제외하면 모두 비규제지역이고, 비규제지역 2주택까지는 취득세 중과가 없다. 취득세 중과는 1인의 다주택 소유를 막기 위한 조치다. 단, 공시가격 1억 원 이하 주택은 주택수에 포함되지 않아 100채를 보유해도 취득세가 중과되지 않는다.

취득세 중과를 피하는 방법은 주택을 낙찰받고 매도하여 주택수를 줄이고 대출한도를 다시 살려 투자를 이어나가는 것이다. 양도소득세의 경우는 부동산매매사업자로 신고하거나 2년 이상 보유해서 일반 과세로 납부한다. 한편 공시가격 9억 원까지는 종합부동산세가 없다. 종잣돈 3,000만 원으로 종부세가 걱정될 만큼의 물건을 낙찰받기도 쉽지 않다.

핵심은 전세가격이 상승할 조짐이 보이거나 전세가격 이하에 낙찰되는 지역을 공략하는 것이다. 전세를 놓을 계획이라면 전세보증보험 조건도 확인해야 한다. 임차인이 전세보증보험에 가입 가능한 조건이 강화되었으므로 그에 맞춰서 대응하면 된다.

빌리언의 알짜 정보

- 전세보증보험 보증한도 = 주택가격 × 담보인정비율(90%) - 선순위 채권
- 다세대주택(빌라) 전세보증보험 보증한도 = 공시가격 × 공시가격인정비율(140%) × 전세가율(90%)

경매보다 공매가 좋은 점은,

법원에 가지 않고 집에서 인터넷으로 입찰한다.

경매보다 낮은 가격에 낙찰된다.

국가재산의 경우 이미 명도가 되어 있다.

3장

공매, 이 정도만
알면 된다

압류재산
공매

우리가 '공매' 하면 떠올리는 것은 압류재산 공매다. 공매 사건 중 압류재산 공매가 70% 이상으로 가장 많기 때문이다. 압류재산 공매는 세금 체납의 이유로 국가나 지방자치단체가 채무자의 재산을 강제로 매각하는 것이다. 국세나 지방세가 체납되면 공공기관이 한국자산관리공사에 공매 대행을 맡긴다. 한국자산관리공사는 매각을 하고 수수료(매각가의 3.6%)를 받는다.

그 외의 공매는 소유기관의 의사로 매각하는 것이다. 소유자의 의사로 매각하느냐 소유자의 의사와 상관없이 강제 매각하느냐에 따라 절차가 달라진다. 경매는 민사집행법을 근거로 금융기관이나 개인의 채권(부채)을 다루는 데 비해 압류재산 공매는 국세징수법을 근거로 국가나 지방자지단체의 채권(세금)을 다룬다(3-1).

[3-1] 경매와 압류재산 공매의 차이

구분	경매(법원)	압류재산 공매 (한국자산관리공사)
근거 법률	민사집행법	국세징수법
법률적 성격	채권·채무 관계 조정	공법상의 행정처분
기입등기	경매개시결정 기입등기	압류 및 납세 담보에 대한 공매 공고의 부기등기
현황 조사	집행관	세무 공무원
물건명세서	매각물건명세서, 현황조사보고서, 감정평가서	공매재산명세 (현황조사 및 감정평가서 포함)
최저매각가	전 차 가격의 20~30% 감액	전 차 가격의 10% 감액 (50% 이하 시 5% 감액)
유찰 시 매각기일	약 5주 뒤	2주 뒤
입찰보증금	최저매각가격의 10%	공매예정가격의 ~10%
매각수수료	실비 (평균 감정평가금액의 1~2% 선)	매각금액의 3.6%
차순위 매수 신고	매각기일의 종결고지 전	없음
공유자 우선 매수 신고	매수 신청 불가	매각결정기일 전
전세사기 피해자		
임차인 우선 매수	가능	가능
전 매수인의 입찰	기록 열람 가능	매수 신청 가능
기록 열람	매각기일로부터 1주일 이내	배분 관련 서류의 열람·복사
매각 결정	매각기일의 종결고지 전	개찰일로부터 3일 이내
농지취득자격증명	매각결정기일 전까지 제출 (미제출 시 매각 불허)	매각 결정 전 제출 불필요 (미제출 시 소유권이전 불가)
상계 여부	가능	불가능
납부기한	매각허가결정일로부터 1월 이내	3,000만 원 미만: 매각결정일로부터 7일 이내 3,000만 원 이상: 30일 이내
납부기한 경과 시 납부 가능 여부	가능(재매각기일 3일 이전)	불가능
매수대금 지연이자	있음	없음
배당 이의 절차	배당 이의의 소	행정처분에 대한 불복
배당금액	매각대금, 지연이자, 항고보증금, 전 매수인의 보증금, 보증금 등 이자	매각대금 및 예치이자
잔금 미납 시 입찰보증금	배당할 금액에 포함	체납액 충당, 잔여금액, 체납자 지급
인도명령	있음	없음

부동산 공매의 정석

최근 보유세(재산세, 종합부동산세)가 갑자기 인상되고 부동산 시장 침체와 함께 가격이 하락하면서, 보유세를 감당하지 못해 진행되는 공매 건수가 늘어났다. 이러한 압류재산 공매는 미납한 세금이 있기 때문에 선순위 임차인 보증금이 있을 경우 배분이 까다로운 편이다. 배분이란 압류재산의 매매대금에 대하여 법령에 정해진 순위에 따라 매각대금을 교부하는 것을 말한다.

과거에 당해세는 법정기일(세금의 종류에 따라 세금신고일, 납부통지서 발송일 등)과 관계없이 항상 임차인보다 먼저 배분을 받았다. 당해세란 해당 연도에 발생한 세금으로 매년 부과되며 재산세, 상속세, 증여세, 자동차세, 양도소득세, 종합부동산세 등을 말한다. 그런데 2023년 4월 이후 매각허가결정이 된 압류재산 공매 물건부터 법정기일에 따라 배분 순서가 결정되도록 법이 개정되었다. 쉽게 이야기해서 임차인보다 먼저 밀려 있던 세금은 먼저 받고, 임차인이 들어온 이후에 밀린 세금은 임차인보다 나중에 받는다. 순서 판단 기준은 우선변제권과 법정기일이다.

전세사기 피해자가 속출하면서 당해세로 인해 배분받지 못하는 임차인들을 보호하기 위해 법이 바뀐 것인데, 이는 낙찰자에게도 유리한 점이다. 임차인 입장에서 전입한 이후 임대인이 당해세를 미납하는 것은 미리 알기 어려운 리스크다. 압류재산 공매 권리분석이 어려운 이유는 확정일자보다 늦은 미납세금도 임차인보다 먼저 배분을 받기 때문이었다. 따라서 법정기일이 빠른 조세채권과 임금채권만 조심하면 공매는 안전하다.

게다가 압류재산 공매는 미납세금의 법정기일과 금액이 표시되어 유리하다. 경매에서는 압류등기일만 표시되고 법정기일과 금액은 알 수가 없다.

선순위 임차인이 있는 경우 다른 권리자보다 먼저 보증금을 받는지를 따질 수 있어야 입찰하는 물건의 폭이 넓어진다. 임차인의 배분 요구 여부에 따라 대항력 있는 임차인의 보증금 인수 여부가 결정된다.

소유권에 대한 다툼이 있는 선순위 권리와 유치권이 있는 특이한 경우가 아니라면, 낙찰자가 인수하는 것은 대항력 있는 임차인의 보증금뿐이다. 나머지 모든 권리는 배분 여부와 관계없이 소멸한다. 낙찰자가 압류된 조세채권을 인수하는 경우는 절대 없다. 선순위 임차인의 전입신고일보다 법정기일이 빠른 조세채권 때문에 임차인의 보증금 배분 금액이 부족해져서 임차인의 보증금을 낙찰자가 인수하는 경우는 있다. 또한 임차인이 아니라 소유자가 점유하고 있는 물건은 세금 배분과 무관하게 채권이 정리된다.

그 밖의 공매

나땅

앞에서 언급했듯이 공매는 소유자의 의사로 매각하는 경우와 강제로 매각하는 경우로 나눌 수 있다. 전자의 대표적인 사례가 공공기관의 재산을 매각하는 것이다. 국가재산이나 공유재산을 매각할 때 누군가가 부정하게 이득을 취하는 일이 없도록 공매 절차를 이용한다.

소유자의 의사에 의한 공매는 일반 매매와 비슷하고 계약서를 쓴다. 정해진 입찰보증금으로 경쟁하고, 낙찰받으면 일정기간 안에 계약 절차를 거친다. 입찰보증금이나 계약 조건은 사건마다 다르다.

⊙ 국유재산 공매

국유재산 중 행정재산을 제외한 재산으로, 공무원 아파트나 관사로 사용하던 부동산 등 국가 소유의 부동산을 공개 매각하는 것이다. 정해진 때에 내부 확인이 가능한 경우도 있다. 국가 소유 물건은 권리분석상 하자가 거의 없고, 명도도 필요 없는 물건이 대부분이다. 일주일마다 10%씩 저감된 금액으로 공매가 진행된다. 일반적으로 입찰보증금은 매수가격의 5%이며, 낙찰되면 낙찰가의 10%로 계약한다.

⊙ 신탁재산 공매

신탁은 담보신탁, 관리신탁, 처분신탁으로 나뉜다. 신탁담보대출을 받을 때 신탁회사로 담보물건의 소유권을 넘기는데, 신탁담보대출이자를 내지 않으면 신탁회사가 공매로 매각한다. 등기사항전부증명서상 소유자인 신탁회사가 매각하여 진행 속도가 매우 빠르다. 신탁재산 공매는 임차인이 있거나 근저당이 인수될 수 있고 조건이 제각각이다. 신탁재산 공매는 낙찰자 인수주의를 택하고 있다. 또한 신탁회사에 맡겨진 부동산을 매각하는 것이라 신탁관계인의 사정에 의해 언제나 취소되거나 변경될 수 있다. 공고문을 꼼꼼하게 보고 잘 확인해야 한다.

신탁부동산 공매공고

입찰전 유의사항

❖ 당사가 진행하는 공매(공개매각)는 한국자산관리공사에서 진행하는 공매(公賣)와는 전혀 다른 일반 매매에 해당합니다. 아래 공고상 매수자가 부담하여야 하는 조건을 정확히 확인하신 후 이에 동의하는 경우에만 입찰에 참여하시기 바랍니다.

❖ 특히, 부가가치세(대상여부 공고상 기재) 및 관리비(발생일과 관계없이 전체 체납금)는 낙찰대금과는 별도로 매수자가 추가로 부담하여야 하는 비용이므로, 사전에 확인하시고 입찰여부를 결정하시기 바랍니다. 소유권이전 서류는 잔금 납부 시점 이전에 본 공매 대상 부동산의 관리사무소에서 발급하는 관리비 완납확인서를 제출하는 경우에만 교부됩니다.

❖ 입찰(수의계약)에 참여한 경우 유의사항 전부에 대해 동의한 것으로 간주되어, 매수자나 제3자의 법률적 해석을 근거로 매매계약 등 공매 조건을 부인, 변경 요청할 수 없습니다.

❖ 공매부동산의 거래와 관련하여 대외기관, 행정청 등을 상대로 매도자와 매수자가 공동으로 진행하는 업무 (부동산거래 및 그 해제 등의 신고, 소유권이전 및 신탁말소등기 등)는 법무사 등 자격이 있는 전문가에게 위임하는 방법으로만 그 업무를 진행할 수 있으며, 매수자가 직접 수임받는 방법으로는 진행할 수 없습니다. 또한 법무사 선임 등에 대한 비용은 매수자(낙찰자)가 부담하여야 합니다.

❖ 본건 공매공고 관련 주의사항

• 매도자(당사)는 공매 절차에 따른 소유권이전 업무만을 수행할 뿐, 본건 공매부동산과 관련한 운영, 수익, 사용, 시설물, 집기 등에 대해서는 일체 관여하지 않습니다.

• 토지, 도로 및 건물의 이용상황이나 기타 공부와의 차이 등은 첨부된 감정평가서를 참고하시기 바랍니다.

• 본 건 집합건축물대장 총괄표제부에 위반건축물 등재(건축과-21982호(2019.12.18.)에 의거 테니스장 내 제1종근린생활시설 26.45㎡ 무단증축 시정명령)가 있는 것으로 조사되었으며, 이로 인한 위험 등 일체의 사항(금융거래 가능여부 등)은 모두 매수자가 부담하는 조건으로 매각하므로 반드시 매수자 책임하에 확인하신 후 입찰하시기 바랍니다.

신탁재산 공매 물건을 낙찰받으면 5일 이내에 신탁회사와 계약서를 쓴다. 입찰금액의 10%로 입찰하고, 경쟁이나 입찰에 의하지 않고 상대편을 임의로 선택하여 체결하는 수의계약도 가능하다. 유찰된 경우 마지막 공매 조건 이상으로 계약이 가능하고, 낙찰자가 계약을 하지 않은 경우는 낙찰 조건 이상으로 수의계약이 가능하다.

신탁재산 공매 물건은 신탁회사 사이트에서 따로 검색해야 한다. 압류재산 공매는 재화의 공급으로 보지 않아 부가가치세를 내지 않는 반면 신탁재산 공매는 재화의 공급으로 보아 부가가치세도 붙으니 주의해야 한다. 신탁재산 공매는 일반 매매에 해당하기 때문에 낙찰가가 신탁회사의 예상보다 낮으면 신탁회사가 임의로 유찰시키기도 한다.

나땅의 쏠쏠 정보

신탁원부 떼는 법

신탁재산 공매는 매수자가 알아서 준비할 서류가 많다. 등기사항전부증명서와 전입세대확인서은 우리가 자주 접하는 서류지만 신탁원부는 생소하다. 신탁회사 소유 부동산은 신탁원부를 떼어 위탁자와 대출 여부를 확인해야 한다.
신탁원부는 인터넷전자민원서비스에서 발급받을 수 있다. 수수료는 이메일로 받을 경우 1만 2,100원이다. 법원 등기소나 등기국에 직접 방문하면 1,200원에 발급받을 수 있다.

⊙ 유입재산 공매

금융기관의 구조 개선을 위해 부실채권의 담보물건을 한국자산관리공사가 경매로 낙찰받아 다시 공매로 매각하는 절차다. 법원 경매 과정에서 모두 말소되었으므로 권리상의 하자가 거의 없다. 매매금액을 분할납부할 수 있는 등 잔금 조건도 다양하다.

⊚ 수탁재산 공매

수탁재산 공매는 개인이나 기업이 소유하고 있는 부동산을 한국자산관리공사에 의뢰하여 매각하는 것이다. 우리도 한국자산관리공사에 부동산 매각을 의뢰할 수 있다. 1주택자가 신규주택을 매수해서 일시적 2주택 상태인데 종전주택이 매도가 안 되어 본의 아니게 매도해야 할 기간을 넘겼을 때 어떻게 해야 할까? 한국자산관리공사에 매각을 의뢰하면 양도소득세 과세나 중과에서 제외해준다. 이러한 수탁재산 공매는 조건에 따라 한국자산관리공사에서 명도 책임을 지기도 하고, 잔금기일을 60일까지 주는 경우도 있다.

〈3-3〉은 양도소득세 감면 기간 안에 매도가 되지 않아 한국자산관리공사에 매각을 의뢰한 물건이다. 의뢰인은 기존주택이 팔릴 것으로 생각하고 추가로 주택을 샀는데 갑자기 부동산 시장이 냉각되면서 매수세가 없어 기간 안에 팔지 못했다. 비과세 조건을 맞춰놓았는데 예상대로 진행되지 않아 양도소득세가 나오면 얼마나 낭패인가.

2023-00023-001

온비드 바로가기 · 입찰시간 : 2023-09-18 10:00 ~ 2023-09-20 17:00 · 문의(☎ 1588-5321)

소 재 지	경기도 화성시 산척동 699 () 동탄 더샵 레이크에듀타운 도로명건색 🗐 주소 복사				
도 로 명	경기도 화성시 동탄대로10길 20 () (산척동, 동탄 더샵 레이크에듀타운)				
물건종별	주거용건물	자산종류	수탁재산(캠코)	감정가	886,000,000원
세부용도	아파트	처분방식	매각	최저입찰가	886,000,000원
토지면적	95810㎡ (29033.333평)	물건상태	유찰	집행기관	한국자산관리공사
건물면적	84.98㎡ (25.752평)	배분요구종기	2023-04-18	담당부서	경기지역본부
명도책임	매도자	담당자	조세정리2팀	위임기관	청주지방검찰청
부대조건	일시적 1가구2주택자가 양도소득세 감면기간 연장목적으로 기존 주택을 캠코에 매각 의뢰한 건임. □ 매각대상 물건은 근저당권 총 454,300,000원(1건)이 설정되어 있으며, 이 대출금액은 잔금 수납 후·에 전액 상환하기로한다. *매수자가 입금 후 캠코에서 수수료 공제 후 매도자에게 지급까지 1~2일 소요 잔금 지급방법 ①매수자: 대출 잔금 총액 454,300,000원(하나은행 저당권설정예) 입금 ②매도자: 대출금 전액 상환 후 [상환완납증 및 근저당설정 해제 예정서(은행에서 발급해주기로 함)] 원본 촬영본 또는 사본을 매수자에게 제시 ③매수자: 대출금 상환 확인 후 나머지 잔금을 입금 - 본건은 현황대로 매각되며 사전조사(권리법률, 용도지역, 실제이용현황, 점유여부, 공부 등) 및 현장확인 후 입찰요망하며, 사전조사없이 입찰에 참가하여 받는 불이익에 대하여는 책임지지 않습니다. - 계약 후 소유권이전 전까지 매수자 명의변경이 불가능하며 대금을 선납 하여도 원금감면은 불가능함				

온비드에서
공매 물건 찾기

공매의 종류에 대해서 알아봤으니 이제 공매 물건을 찾아보자. 공매 투자의 8할은 물건 검색이다. 권리분석이 문제가 되는 경우는 많지 않다(권리분석 방법은 뒤에서 자세히 다루기로 한다). 까다로운 사건을 만나면 전문가에게 물어보거나 도움을 요청하면 된다. 그런데 전문가의 조언을 받는다 해도 스스로 확신이 있어야 한다. 권리분석도 부동산의 가치가 어느 정도인지를 알고 하는 것이다. 부동산의 가치가 어떻게 형성되며 수익을 낼 수 있는지 여부를 판단하기까지는 공부의 시간이 필요하다.

공매 물건 검색은 온비드에서 하는 것이 기본이다. 먼저 공동인증서를 발급받는다. 은행용 인증서로는 입찰을 할 수 없으므로 유료 범용인증서나 네이버인증서(개인 명의의 경우)를 발급받아야 한다. 온비드 회원 가입도 한다. 회원 가입을 하고 로그인을 해야 관심 물건을 저장하고 감정평가서를 볼 수 있다. 발급받은 공동인증서도 온비드에 등록한다.

〈3-4〉를 보자. 화면 왼쪽 상단의 '부동산'을 클릭하면 '상세 조건 검색' 화면이 나온다. 조건을 설정하지 않고 전체를 검색하면 너무 많은 물건이 나오기 때문에 모래밭에서 바늘 찾기가 된다. 현실적으로 입찰이 가능한 물건을 검색해야 한다. 종잣돈 1억 원을 가진 사람이 처음 공매 투자를 한다면 아마도 아파트나 빌라 같은 공동주택을 찾아볼 것이다. 다음과 같은 조건으로 검색해본다.

① 처분 방식: 매각

② 용도 선택: 주거용 건물-아파트, 빌라

③ 감정평가금액: 3~5억 원(종잣돈의 최대 5배까지)

④ 지분 건물 여부: 지분 물건 제외

⑤ 건물면적: 50~100m^2

⑥ 자산 구분: 압류재산

검색 결과 18건이 나왔다. 18건 정도는 검토해볼 수 있는 숫자다. 가장 많은 압류재산 공매부터 검색하거나, 가장 적은 것부터 하는 등 노하우를 만들어서 하면 된다. 루틴이나 기준을 만들지 않으면 보는 것만 계속 보게 된다. 검색 체계가 없으면 열심히 검색하지만 계속

[3-4] 온비드에서 물건 검색하기

같은 자리만 뱅뱅 돌게 된다.

내가 가진 돈으로 어느 정도 가격의 물건까지 접근이 가능한지는 대출 정책에 따라 조금씩 다르다. 무주택자이거나 부동산매매사업자의 경우 감정평가금액의 70% 정도를 대출받을 수 있다. 감정평가금액이 기준이 되기 때문에 낙찰을 얼마에 받는지에 따라 정말 소액투자가 되기도 한다. 감정평가금액 5억 원짜리를 4억 원에 낙찰받으면 5억 원의 70% 혹은 4억 원의 80% 중에 낮은 금액으로 대출이 가능하기 때문이다.

낙찰가의 80%를 대출받는다면 종잣돈의 5배까지 투자할 수 있으니 감정평가금액이 너무 낮거나 지분인 물건은 제외한다. 감정평가금액이 너무 낮은 주택은 정상적이지 않은 물건일 가능성이 높다. 지분 물건이란 부동산을 공동으로 소유한 경우 한 명의 소유자 지분만 매각이 진행되는 것을 뜻한다. 가령 상속받은 땅을 형제들이 공동으로 가지고 있다가 한 명의 지분만 공매로 매각되는 것이다. 이는 온전한 물건이 아니기 때문에 지분을 처리하는 절차를 잘 알고 진행해야 한다.

이제 상세 조건 검색으로 찾은 물건을 하나하나 살펴보자.

⌖ 물건 정보

〈3-5〉에서 보듯이 물건 정보에는 소재지, 면적, 감정평가금액, 입찰 방식과 입찰기간 등의 정보가 나온다. 면적에서 '대'는 토지면적이고 '건물'은 전용면적이다. 주거용 부동산에서 전용면적이 작으면(10평 이하) 원룸에 가깝기 때문에 투자 가치가 낮다고 보면 된다. '최저입찰가(예정금액)'가 시세보다 높다면 유찰되는 것을 지켜보다가 적절한 금액까지 떨어지면 입찰한다. 오른쪽 하단의 '관심 물건 등록'을 클릭해 저장해두고 입찰할 물건과 지켜볼 물건을 관리한다.

[3-5] 물건 정보 페이지

⊙ 압류재산 정보

'압류재산 정보'에는 등기사항전부증명서와 임차인이 표시된다(〈3-6〉). 선순위 임차인이 있다면 주의 깊게 살펴봐야 한다. 권리분석은 이 페이지에서 하는 것이다. 경매는 통합등기사항전부증명서에 권리가 시간순으로 정리되어 있지만 공매는 채권의 종류에 따라 번호가 정해지므로 주의한다. 앞에 적혀 있다고 순위가 먼저라는 뜻이

[3-6] 압류재산 정보 페이지

▮ 권리분석 기초정보 (권리분석 기초자료는 입찰시작 7일전부터 제공됩니다)　　　　　　🔘 권리분석 기초정보 인쇄

- 배분요구 및 채권신고현황 (배분요구서를 기준으로 작성하였으며, 신고된 채권액은 변동될 수 있습니다.)

번호	권리종류	권리자명	설정일	설정금액(원)	배분요구일	배분요구채권액(원)	말소가능여부	기타
1	임차인	점유자	-	0	배분요구없음	0	-	-
2	근저당권	배 **	2022-01-17	400,000,000	2023-10-20	580,000,000	-	-
3	근저당권	한국금융자산대부(주)	2021-11-26	42,640,000	2023-08-30	39,233,110	-	-
4	질권	(주)유진대부금융[근저당권부채권질권]	2023-07-06	42,640,000	배분요구없음	0	-	-
5	압류	포천시청	2023-07-31	0	2023-08-18	18,516,090	-	-
6	교부청구	국민건강보험공단 포천지사	-	0	2023-09-22	57,908,070	-	-
7	물건지지방자치단체	포천시청	2023-07-31	0	-	18,516,090	-	-
8	가압류	농업협동조합중앙회[포천시법원2023카단1104]	2023-04-04	12,131,107	2023-10-18	25,667,312	-	-
9	가압류	농업협동조합중앙회[의정부지법2023카단201657]	2023-05-26	10,278,465	배분요구없음	0	-	-
10	가압류	서울보증보험(주)[서울중앙지법2023카단808933]	2023-03-31	40,000,000	배분요구없음	0	-	-

[총 11건]

1　2

- 배분요구채권액 중 체납액(위임기관, 압류, 교부청구)은 담보채권자와 우선순위를 비교하는 법정기일을 표시하지 않으므로 입찰 전 별도로 확인하셔야 합니다.

- 점유관계 (감정평가서 및 현황조사서 기준)

점유관계	성명	계약일자	전입일자 (사업자등록신청 일자)	확정일자	보증금(원)	차임(원)	임차부분
전입세대주	신 **	미상	2022-03-15	미상	0	0	미상

[총 1건]

1

[3-7] 입찰 전 알아야 할 주요사항

> 🚨 **입찰 전 알아야 할 주요사항**
>
> - 공매재산에 대하여 등기된 권리 또는 가처분으로서 매각으로 효력을 잃지 아니하는 것
>
> - 공매재산의 매수인으로서 일정한 자격을 필요로 하는 경우 그 사실
>
> - 유의사항

아니다. '입찰 전 알아야 할 주요사항'도 살펴본다. '유의사항'에는 아무것도 없는 것이 보통이다(3-7).

⊚ 입찰 정보

〈3-8〉을 보자. 입찰기간이 11월 6일 오전 10시부터 11월 8일 오후 5시까지 3일이고, 2주 후인 11월 20일에 10% 낮아진 금액으로 다시 공매가 진행된다. 입찰보증금은 입찰가의 10%다. 임차인이 있는 사건이라면 '회차별 입찰 정보'에서 공매재산명세를 확인하도록 한다. 낙찰되면 보통 한 달 안에 잔대금을 납부한다. '납부기한 안내'를 보면, 낙찰가격이 3,000만 원 이상인 경우 매각결정기일 30일 이내에, 3,000만 원 미만이라면 7일 이내에 잔대금을 납부해야 한다는 점을 알 수 있다.

⊚ 시세 및 낙찰 통계

'시세 및 낙찰 통계'에서는 KB부동산 시세와 인근의 감정평가금액 대비 낙찰가율('인근 낙찰 통계')을 알 수 있다〈3-9〉. 이 지역의 공매 낙찰 분위기를 알 수 있는 정보다.

[3-8] 입찰 정보 페이지

물건 세부 정보	압류재산 정보	입찰 정보	시세 및 낙찰 통계	주변정보	부가정보

▌입찰 방법 및 입찰 제한 정보

전자보증서 사용여부	사용 불가능	차순위 매수신청 가능여부	신청 가능
공동입찰 가능여부	공동입찰 가능	2인 미만 유찰여부	1인이 입찰하더라도 유효한 입찰로 성립
대리입찰 가능여부	대리입찰 가능	2회 이상 입찰 가능여부	동일물건 2회 이상 입찰 가능

▌회차별 입찰 정보

입찰번호	회차/차수	구분	대금납부/납부기한	입찰기간	개찰일시	개찰장소	매각결정일시	최저입찰가(원)
0033	031/001	인터넷	일시불/낙찰금액별 구분	2023-11-06 10:00~ 2023-11-08 17:00	2023-11-09 11:00	전자자산처분시스템 (www.onbid.co.kr) 공매재산명세서	2023-11-20 18:00	301,000,000
0033	032/001	인터넷	일시불/낙찰금액별 구분	2023-11-20 10:00~ 2023-11-22 17:00	2023-11-23 11:00	전자자산처분시스템 (www.onbid.co.kr)	2023-12-04 18:00	270,900,000
0033	033/001	인터넷	일시불/낙찰금액별 구분	2023-12-04 10:00~ 2023-12-06 17:00	2023-12-07 11:00	전자자산처분시스템 (www.onbid.co.kr)	2023-12-18 18:00	240,800,000
0033	034/001	인터넷	일시불/낙찰금액별 구분	2023-12-18 10:00~ 2023-12-20 17:00	2023-12-21 11:00	전자자산처분시스템 (www.onbid.co.kr)	2024-01-03 14:00	210,700,000
0033	001/001	인터넷	일시불/낙찰금액별 구분	2024-01-08 10:00~ 2024-01-10 17:00	2024-01-11 11:00	전자자산처분시스템 (www.onbid.co.kr)	2024-01-22 14:00	180,600,000
0033	002/001	인터넷	일시불/낙찰금액별 구분	2024-01-22 10:00~ 2024-01-24 17:00	2024-01-25 11:00	전자자산처분시스템 (www.onbid.co.kr)	2024-02-05 14:00	150,500,000

▲

· 공매재산명세서는 국세징수법 제77조제2항 및 지방세징수법 제82조제2항에 따라 입찰서제출(입찰) 시작 7일 전부터 입찰서제출(입찰) 마감 전까지만 게시 및 열람이 가능함을 알려드립니다.

▌납부기한 안내

· 국세징수법 개정에 의거 공매공고 시점에 따라 잔대금 납부기한이 상이하므로 입찰전 물건정보에서 확인하시기 바랍니다.
  ▪ 2013년 1월 1일 이후 최초로 공매공고
   · 낙찰가격 3,000만원 이상은 매각결정기일로부터 30일이내
   · 낙찰가격 3,000만원 미만은 매각결정기일로부터 7일이내

[3-9] 시세 및 낙찰 통계 페이지

물건 세부 정보	압류재산 정보	입찰 정보	시세 및 낙찰 통계	주변정보	부가정보

▌해당 물건 시세 정보

· 지역 | 경기도 포천시 소흘읍   · 시세갱신일   2023-10-16

면적정보 (단위 : ㎡)	시세정보 (단위:만원)					
	매매가			전세가		
전용면적	하위평균가	일반평균가	상위평균가	하위평균가	일반평균가	상위평균가
91.32/68.91	26,500	28,000	29,000	17,000	18,000	19,000
91.42/68.65	26,500	28,000	29,000	17,000	18,000	19,000
103.24/78.54	30,000	31,500	33,000	18,000	20,500	22,500
111/84.63	32,500	34,500	35,500	19,000	21,500	23,500
79.89/59.69	23,500	25,000	26,000	16,000	17,000	18,000

> ❗ 본 데이터는 KB부동산 시세정보에서 제공하는 정보로, 해당 물건의 면적 및 시세갱신일 등에 따라 실제 물건 정보와 차이가 있을 수 있으므로 참고용도로 활용하시기 바랍니다.

▌인근 낙찰 통계
* 해당물건 지역과 용도를 바탕으로 나온 12개월간의 통계입니다.

통계기간	부찰건수	낙찰건수	낙찰율	낙찰가율	
				감정가 대비	최저입찰가 대비
3개월	102	3	3%	63.44%	105.69%
6개월	405	4	1%	60.08%	104.27%
12개월	572	7	1%	62.51%	104.05%

▌인근 낙찰 물건
* 해당물건 지역과 용도를 바탕으로 나온 6개월간의 통계입니다.(공매 보류 및 종결된 압류재산은 관련 법령에 따라 일부 정보만 공개)

번호	물건명	낙찰금액(원)
1	경기도 포천시 선단동 405 라온스테이	93,190,000
2	경기도 포천시 영중면 양문리 831 외3 재우로알케슬 도시형생활주택	90,000,000
3	경기도 포천시 선단동 783-1 외 2필지 현대빌라 제나동	65,100,000
4	경기도 포천시 관인면 탄동리 665-8	7,000,000

[총 4건]

⊙ 주변 정보

'주변 정보'는 지도에 표시되어 알아보기가 편하다(3-10). 공매 사건은 빨간색으로, 인근 일반 매물은 파란색으로 표시된다. 온라인상으로 인근 지역을 살펴보는 것은 잘 모르는 지역에서 입찰하는 데 도움이 된다.

[3-10] 주변 정보 페이지

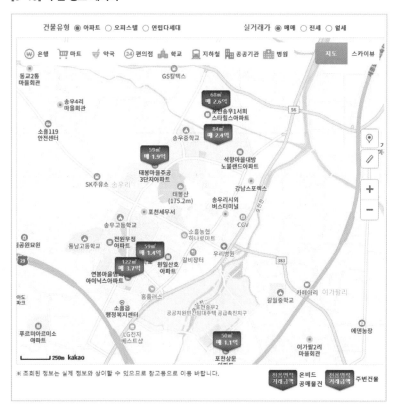

지금까지 물건 검색 방법을 알아보았다. 그다음으로 중요한 것은 관심 물건 관리다. 공매 사건은 매각이 끝나면 최소한의 정보만 남기고 검색이 안 된다. 물건관리번호를 모르면 언제 얼마에 낙찰되었는지 찾을 수 없다. 관심은 있었으나 입찰하지 않았던 물건이 얼마에 낙찰되었는지 궁금하지 않은가? 관심 물건에 저장하고 나만의 낙찰 통계를 내면 입찰가를 산정할 때 '이 정도면 낙찰이 되겠구나' 하고 대략의 추정을 할 수 있다.

04

옥션원에서
공매 물건 찾기

나땅

⊙ 유료 사이트 구독료를 아까워 말자

온비드 외에 옥션원, 지지옥션, 탱크옥션, 스피드옥션, 행꿈사옥션 등 다양한 사이트에서 물건 검색이 가능하다. 옥션원과 지지옥션이 가장 오래되어 과거 정보가 많다. 구독료가 부담스러워 구독을 꺼리는 사람도 있지만, 공매 입찰을 하려면 준비해야 하는 번거로운 일이 많은데 검색까지 불편해서는 안 된다. 돈을 조금 쓰더라도 검색이 편해야 한다. 다시 한 번 말하지만 공매 투자는 8할이 물건 검색이다.

물건 검색, 권리분석, 대출한도 확인이 공매 입찰의 3단계라고 할 수 있다. 권리분석에 필요한 대표적인 서류는 등기사항전부증명서와 전입세대확인서이다. 등기사항전부증명서는 대법원 인터넷등기소에서 수수료 700원만 내면 누구나 발급받아 볼 수 있다. 전입세대 확인서는 이해관계자가 아니면 온라인으로는 열람할 수 없다. 행정 복지센터에 직접 방문해서 공매 진행 중이라는 서류를 제출하고 신분증과 수수료 300원을 내면 열람할 수 있다. 유료 사이트는 이 서류를 발급받아 업로드해준다.

물건 검색 단계에서는 유료 사이트에서 다 차려놓은 밥상 같은 정보를 이용하고, 추가적으로 확인해야 할 경우만 직접 떼어보면 된다. 경매의 경우 물건 검색을 유료 사이트에서 하고 대법원에서 다시 확인하는 것처럼, 공매도 자신이 편한 방법으로 검색하고 온비드에서 추가로 확인해야 한다. 사이트의 공매 물건 정보는 온비드에서 제공하는 것을 기본으로 하기 때문이다. 또 같은 물건이라도 사이트마다 부가 정보가 다르다.

본격적으로 옥션원에서 물건을 검색하는 법을 알아보자. 〈3-11〉에서 보듯이 오른쪽 상단의 '공매 검색'을 클릭하고 검색 조건을 설정한다.

① 처분 방식: 매각
② 물건 종류: 주거용 건물
③ 최저가: 종잣돈의 5배까지(대출 80% 가정)
④ 자산 구분: (물건의 개수가 가장 많은) 압류재산 공매

[3-11] 옥션원 공매 물건 검색

[3-12] 옥션원 지도 검색 페이지

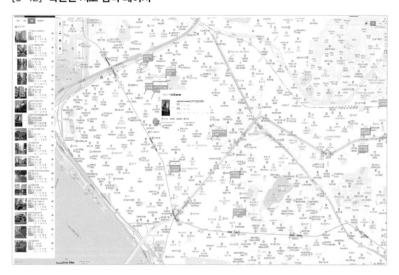

[3-13] 관심 물건 등록

지도로 검색할 수도 있다(3-12). 사이트마다 특징이 있는데 옥션원은 매각 방법에 따라 전체/경매/공매로 나눠서 검색할 수 있다.

〈3-13〉과 같이 내가 찾는 조건에 맞는 물건이다 싶으면 관심 정도에 따라 정리하고 저장한다. 입찰하기로 결정한 물건은 날짜 순서대로 입찰한다.

◎ 입찰 정보

〈3-14〉는 압류재산 공매 물건으로 나온 다세대주택이다. 하단의 여러 가지 정보 중 '감정평가서'는 온비드에서 제공한 것이다. '건물등기'나 '세대열람'은 옥션원에서 따로 열람해서 제공하는 정보다. 유료 사이트는 오류가 있을 수 있다는 점을 인지하고 책임을 묻지 않는다는 것에 동의하고 사용하는 것이기 때문에 중요한 서류는 마지막에 직접 확인해야 한다.

[3-14] 입찰 정보 페이지

본 물건의 입찰일과 내용은 자산관리공사(온비드)에서 확인 후 입찰하시기 바랍니다. (입찰 38일전)

2023-11866-001 조세정리팀(☎ 1588-5321)

소재지	서울특별시 동작구 상도동 212-47 ▨▨▨▨▨ [지도] [지도] 주소복사 (도로명주소 : 서울특별시 동작구 양녕로20길 128▨▨▨ (상도동, 대성빌라))				
물건용도	주거용건물	감정가	**193,000,000 원**	재산종류	압류재산(캠코)
세부용도	다세대주택	최저입찰가	(100%) 193,000,000 원	처분방식	매각
물건상태	입찰준비중	집행기관	한국자산관리공사	담당부서	서울서부지역본부
토지면적	27.5㎡ (8.319평)	건물면적	37.08㎡ (11.217평)	배분요구종기	2023-12-04
물건상세	대 27.5㎡, 건물 37.08㎡				
위임기관	은평세무서	명도책임	매수인	조사일자	0000-00-00
부대조건					

• 입찰 정보(인터넷 입찰)

입찰번호	회/차	대금납부(기한)	입찰시작 일시~입찰마감 일시	개찰일시 / 매각결정일시	최저입찰가
0006	034/001	일시불(30일)	23.12.18 10:00 ~ 23.12.20 17:00	23.12.21 11:00 / 24.01.03 14:00	193,000,000
0006	001/001	일시불(30일)	24.01.08 10:00 ~ 24.01.10 17:00	24.01.11 11:00 / 24.01.22 14:00	173,700,000
0006	002/001	일시불(30일)	24.01.22 10:00 ~ 24.01.24 17:00	24.01.25 11:00 / 24.02.05 14:00	154,400,000
0006	003/001	일시불(30일)	24.02.05 10:00 ~ 24.02.07 17:00	24.02.08 11:00 / 24.02.21 14:00	135,100,000
0006	004/001	일시불(30일)	24.02.26 10:00 ~ 24.02.28 17:00	24.02.29 11:00 / 24.03.12 14:00	115,800,000
0006	005/001	일시불(30일)	24.03.11 10:00 ~ 24.03.13 17:00	24.03.14 11:00 / 24.03.25 14:00	96,500,000

현황사진   위치도   개황도   구조도   감정평가서   건물등기   세대열람   전자지도   전자지적도   로드뷰
토지이용계획열람   온나라지도   인근공매정보   인근공매락정보   인근경매정보

• 위치 및 현황/기타

위치 및 부근현황	서울특별시 동작구 상도동 소재 '신상도초등학교' 남동 측 인근에 위치하며 인근에 버스정류장 및 직선거리 약 600m에 지하철 7호선 '상도역'이 소재
이용현황	다세대주택으로 이용
기타	집합건축물대장(표제부)상에는 허가일:1990.07.13일, 사용승인일:1990.07.13일이며 집합건축물대장(전유부)상에는 준공일:1990.12.27일임. 모아타운 14-2구역

행꿈사옥션에서 공매 물건 찾기

행꿈사옥션에서도 조건을 걸어 실제로 내가 입찰할 수 있으면서 수익이 날 수 있는 물건을 고른다. 관심 가는 물건은 이유와 함께 저장해둔다.

나는 지도 검색을 자주 이용한다. 지도 검색은 초보 투자자에게 특히 좋은데, 지도에 물건의 종류와 위치가 표시되어 있어 직관적이다. 전국적으로 검색할 때는 조건 검색, 아는 지역을 볼 때는 지도 검색이 효과적이다. 〈3-16〉에서 보듯이 페이지 왼쪽에 지도에 표시된 경·공매 물건이 나온다. 이를 공매로 설정해준다.

행꿈사옥션 지도 검색의 가장 큰 장점은 물건 종류를 한정할 수 있다는 점이다. 왼쪽 상단의 조건에서 입찰하고 싶은 물건의 종류(아파트/상가/토지/공장 등)를 한정하거나 전체 물건을 볼 수도 있다. 지도

[3-15] 행꿈사옥션 공매 종합 검색

[3-16] 행꿈사옥션 지도 검색 페이지

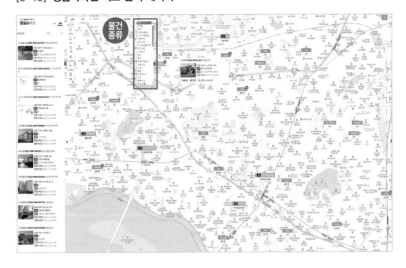

부동산 공매의 정석

상에 주황색은 경매, 하늘색은 공매 물건이다. 공매는 임대와 매각이 함께 표시된다.

일정 축척 이상으로 봐야 지도에 물건의 위치가 표시된다. 입지가 좋은 물건은 한눈에도 좋은 물건인지 아닌지, 그리고 물건의 종류가 어떤지 보인다. 눈에 띄는 물건이 보이면 폴더를 만들어서 관리한다. 폴더에 저장하지 않으면 다시 찾지 못하는 경우가 많다.

지도 검색이 좋은 또 하나의 이유는 위치가 표시된다는 점이다. 주소만 보고는 어느 위치인지, 좋은 입지인지 아닌지 알기 어렵다. 가령 지도 검색으로 상가를 본다면 대로변인지 이면도로인지, 주변에 아파트 단지가 많은지 적은지 한눈에 확인할 수 있다.

경매와 공매가 함께 진행 중인 사건을 놓치지 않을 수 있는 것도 장점이다. 경매와 공매는 제공되는 정보가 달라서 서로 보완이 될 수 있고, 입찰기일과 잔금기일을 보고 잔금 납부로 선수를 칠 수도 있다. 공매와 경매가 동시에 진행되는 경우 잔금을 먼저 납부한 쪽이 소유권을 가져가기 때문이다. 단, 신탁재산 공매는 신탁회사 사이트마다 들어가서 따로 확인해야 한다(3-17). 물건의 개수도 한정적이고 검색이 번거로우며 권리분석도 까다로워 신탁재산 공매는 문턱이 높은 편이다.

[3-17] 신탁재산 공매 물건 검색 페이지

부동산 공매의 정석

등기사항전부증명서 보는 법

등기사항전부증명서는 해당 부동산에 대해 권리가 있는 사람이 누구이며 어떤 권리가 있는지 누구나 알 수 있도록 한 서류다. 소유자의 인적사항과 부동산에 대한 권리의 종류와 날짜가 기재된다. 등기사항전부증명서가 중요한 이유는 법은 시간의 순서대로 권리를 보호하기 때문이다. 권리가 먼저 설정되어 있으면 우선 보호받는다. 앞에 있는 권리자는 뒤에 어떤 권리가 올지 예상할 수 없지만, 뒤의 권리자들은 먼저 어떤 권리가 있는지 알고도 권리 설정을 한 것이기 때문이다.

◎ 주요 등기사항 요약

〈3-18〉을 보자. 등기사항전부증명서의 마지막에 나오는 '주요 등기

사항 요약'이다. 일반 물건을 입찰할 때는 이 같은 요약만 봐도 충분

하다. 여기에는 지금까지 설정되었다가 말소된 사항은 모두 빼고 현

재 효력이 있는 것만 기재한다. 즉 ① 소유지분 현황(누가 소유하고 있

는가) ② 소유지분을 제외한 소유권에 관한 사항(소유권을 제한하는 권

[3-18] 주요 등기사항 요약

주요 등기사항 요약 (참고용)

[주 의 사 항]

본 주요 등기사항 요약은 증명서상에 말소되지 않은 사항을 간략히 요약한 것으로 증명서로서의 기능을 제공하지 않습니다.
실제 권리사항 파악을 위해서는 발급된 증명서를 필히 확인하시기 바랍니다.

고유번호 1103-2004-007599

[집합건물] 서울특별시 종로구 숭인동 76 롯데캐슨천지인 제16층 ▉▉▉▉▉

1. 소유지분현황 (갑구)

등기명의인	(주민)등록번호	최종지분	주　　소	순위번호
김 * * (소유자)	740308-*******	단독소유	서울특별시 종로구 종로 347, 인동 ▉▉▉(숭인동,롯데캐슨천지인)	6

2. 소유지분을 제외한 소유권에 관한 사항 (갑구)

순위번호	등기목적	접수정보	주요등기사항	대상소유자
11	압류	2022년8월2일 제27350호	권리자 국	김 * *
11-1	공매공고	2023년8월4일 제29177호		김 * *
12	임의경매개시결정	2023년8월18일 제30629호	채권자 농협생명보험 주식회사	김 * *

3. (근)저당권 및 전세권 등 (을구)

순위번호	등기목적	접수정보	주요등기사항	대상소유자
5	근저당권설정	2016년1월7일 제683호	채권최고액 금445,200,000원 근저당권자 농협생명보험주식회사	김 * *

[참 고 사 항]
　가. 등기기록에서 유효한 지분을 가진 소유자 혹은 공유자 현황을 가나다 순으로 표시합니다.
　나. 최종지분은 등기명의인이 가진 최종지분이며, 2개 이상의 순위번호에 지분을 가진 경우 그 지분을 합산하였습니다.
　다. 지분이 통분되어 공시된 경우는 전체의 지분을 통분하여 공시한 것입니다.
　라. 대상소유자가 명확하지 않은 경우 '확인불가'로 표시될 수 있습니다. 정확한 권리사항은 등기사항증명서를 확인하시기
　　　바랍니다.

리) ③ (근)저당권 및 전세권 등(부동산에 물권을 가진 권리자가 있는가)이 나타나 있다.

권리분석이란 권리들의 순위를 매겨 누가 먼저 된 권리인지, 낙찰 자에게까지 주장할 수 있는 권리가 있는지를 판단하는 것이다. 등기 사항전부증명서에는 갑구와 을구가 나뉘어 있지만 권리분석을 할 때는 갑구와 을구를 합해서 시간 순서대로 봐야 한다.

표제부

등기사항전부증명서의 갑구와 을구에는 권리를 표시하고, 표제부에 는 부동산의 물리적 현황을 표시한다. 집합건물 등기사항전부증명 서의 경우 전체 현황과 전용부분 현황을 표시한다. 아파트는 공동으 로 소유하고 있는 단지 전체의 토지면적과 건물면적, 층수 등이 표시 된다. 대지권과 건물면적은 전용부분을 뜻한다. 이러한 표제부에 표 시된 물리적 현황이 맞는지 보려면 건축물대장을 확인해야 한다. 등

[3-19] 표제부 예시

표시번호	접수	건물번호	건물내역	등기원인 및 기타사항
1	2019년 7월23일	제6층 제602호	철근 콘크리트 46.41㎡	

(대지권의 표시)

표시번호	대지권종류	대지권비율	등기원인 및 기타사항
1	소유권 대지권	1203분의 28.323	2019년 7월 5일 대지권
			2019년 7월 23일 대지권등기

기사항전부증명서와 건축물대장이 서로 일치하지 않는다면 건축물대장을 기준으로 표제부의 내용을 수정한다.

◎ 권리분석하기

권리분석을 할 때는 '소유지분을 제외한 소유권에 대한 사항(갑구)'과 '(근)저당권 및 전세권 등(을구)'을 비교해야 한다. 〈3-18〉을 보면 권리의 순서는 다음과 같다.

① 2016년 1월 7일 근저당권 설정 채권최고액 4억 4,520만 원
② 2022년 8월 2일 압류
③ 2023년 8월 4일 공매 공고(2022년 8월 2일 압류로 인한 공매 공고)
④ 2023년 8월 18일 임의경매개시결정(2016년 1월 17일 근저당에 의한 경매 신청)

③과 ④는 ①과 ②의 권리자가 권리를 행사하는 등기이기 때문에 새로운 권리는 아니므로 2016년 농협생명보험주식회사 근저당과 2022년 8월 압류, 이렇게 2개의 권리가 있는 것이다.

 이 사건처럼 경매와 공매가 동시에 진행되는 경우는 낙찰을 받아 먼저 소유권이전등기를 하는 쪽이 소유권을 가져간다. 소유자가 세

금도 미납하고 대출이자도 안 내는 경우가 많기 때문에 경매와 공매가 동시에 진행되는 사례는 흔하다. 등기사항전부증명서에서 동시에 진행되는 것이 확인되면 경매와 공매 사건을 둘 다 확인해보는 것이 좋다.

참고로 등기사항전부증명서는 공식적으로 정확한 서류를 내야 할 때는 발급용으로 떼어 제출해야 하고, 확인하는 용도는 열람용으로 발급받아도 된다. 온비드에서 제공하는 공매재산명세에는 등기사항전부증명서에 없는 교부채권들의 법정기일과 금액도 표시된다.

부동산의 가치를 나타내는 감정평가표

공매 절차에서 부동산의 가치는 감정평가 법인에서 평가하며, 감정평가서는 첫 매각에서 최저매각가격의 기준이 된다. 감정평가는 일정한 기간에 조사한 내용이기 때문에 매각기일보다 훨씬 전의 감정평가이거나 감정평가 이후 시세가 크게 변동했다면 감정평가금액이 시세와 다를 수 있다.

아파트나 오피스텔, 빌라 같은 집합건물의 경우 감정평가액은 거래 사례를 참고해 산정한다. 가장 최근 시세와 비교해서 우열을 가리고 보정하는 것이다. 이 같은 거래사례비교법 외에도 수익률환원법, 원가법 등 다양한 감정평가 방식이 있으나 어느 방법으로도 시세를 계산하기 어려운 부동산도 있다. 예를 들어 재개발 구역으로 지정된 부동산은 사업 진행 단계 초기에는 재개발로 인한 프리미엄이 반영

[3-20] 감정평가표

해강079-2023

(구분건물)감정평가표

본인은 감정평가에 관한 법규를 준수하고 감정평가이론에 따라 성실하고 공정하게 이 감정평가서를 작성하였기에 서명날인합니다.

감 정 평 가 사

정 영 필

(인)

감정평가액	일억육천일백만원정(₩161,000,000.-)		
의 뢰 인	한국자산관리공사 서울서부지역본부장	감정평가목적	공매(국세,지방세)
제 출 처	한국자산관리공사 서울서부지역본부	기 준 가 치	시장가치
소 유 자 (대상업체명)	(2023-11476-A01)	감정평가조건	-
목록표시 근 거	귀 제시목록 등기사항전부증명서	기 준 시 점	조 사 기 간 / 작 성 일
기 타 참고사항	-	2023.09.11	2023.09.07 ~2023.09.11 / 2023.09.11

	공부(公簿)(의뢰)		사 정		감 정 평 가 액	
	종류	면적(㎡) 또는 수량	종류	면적(㎡) 또는 수량	단가	금 액
감 정 평 가 내 용	구분건물	1개호	구분건물	1개호	-	161,000,000
	합 계					₩161,000,000

감정평가액의 산출근거 및 결정의견

" 별   지   참   조 "

해강감정평가사사무소

되지 않는 경향이 있다. 일정 단계 이상이 되어야 프리미엄을 포함한 가격으로 감정한다. 이는 감정평가의 한계를 이용해 수익을 내는 포인트가 될 수 있다.

아파트는 감정평가서를 자세히 볼 필요는 없으나 애매한 부분이 있을 경우 꼭 확인하도록 한다. 토지가 여러 필지 함께 매각되는 경우는 어떤 필지가 감정되었는지를 감정평가명세표에서 확인해야 한다. 간혹 토지 또는 건물만 감정하거나 지분 물건이라 가치의 일부만 평가되어 있을 수 있으므로 내가 입찰하려는 물건이 정확히 어떤 것인지 확인해야 한다. 공장의 경우 감정평가에 일부 시설이 포함되어 있다면 시설물까지 포함해 낙찰받는 것이다.

◉ 건축물대장

아파트를 제외한 건물은 건축물대장을 떼어보는 것이 좋다. 감정평가사가 위반건축물인지 표시하는 경우도 있지만 건축물대장을 직접 확인해봐야 알 수 있다. 정부24에서 인터넷으로 열람할 수 있으며 건물의 지번과 면적, 연면적, 용도지구, 건축면적, 주용도, 건축선 후퇴 등 건물에 대한 여러 정보가 적혀 있다. 등기사항전부증명서가 권리에 대한 서류라면, 건축물대장은 부동산의 상태에 대한 서류다.

어떤 투자자가 화장실이 불법 확장되어 건축물대장에 노란색으로

발급확인번호 : MAMD-ADDA-QNHR-INED-KOMV

■ 건축물대장의 기재 및 관리 등에 관한 규칙 [별지 제5호서식] <개정 2021. 7. 12.>

집합건축물대장(전유부, 갑)　　　위반건축물

(2쪽 중 제1쪽)

| 고유번호 | 1150010300-3-08770002 | | | | 명칭 | 마크하우스 | 호명칭 | |

| 대지위치 | 서울특별시 강서구 화곡동 | | | 지번 | 877-2 외 2필지 | 도로명주소 | 서울특별시 강서구 강서로 |

	전유부분					소유자현황		
구분	층별	※구조	용도	면적(㎡)	성명(명칭) 주민(법인)등록번호 (부동산등기용등록번호)	주소	소유권 지분	변동일자 변동원인
주	5층	철근콘크리트구조	도시형생활주택(단지형다세대)	40.62			1/1	2019.8.13.
	- 이하여백 -				611125-2******			소유권이전

	공용부분				- 이하여백 -			
구분	층별	※구조	용도	면적(㎡)	※ 이 건축물대장은 현소유자만 표시한 것입니다.			
주	과층	철근콘크리트구조	계단실,ELEV홀	8.15				
	- 이하여백 -							

이 등(초)본은 건축물대장의 원본 내용과 틀림없음을 증명합니다.

발급일자 : 2023년 3월 30일

서울특별시 강서구청장　[인]

담당자 :
전　화 :

※ 경계벽이 없는 구분점포의 경우에는 전유부분 구조란에 경계벽이 없음을 기재합니다.

297㎜×210㎜[백상지 (80g/㎡)]

발급확인번호 : MAMD-ADDA-QNHR-INED-KOMV

(2쪽 중 제2쪽)

| 고유번호 | 1150010300-3-08770002 | | | | 명칭 | 마크하우스 | 호명칭 | 503 |

| 대지위치 | 서울특별시 강서구 화곡동 | | | 지번 | 877-2 외 2필지 | 도로명주소 | 서울특별시 강서구 강서로 |

	공용부분				공동주택(아파트) 가격 (단위 : 원)	
구분	층별	※구조	용도	면적(㎡)	기준일	공동주택(아파트)가격

※ 「부동산 가격공시에 관한 법률」 제18조에 따른 공동주택가격만 표시됩니다.

변동사항				그 밖의 기재사항
변동일	변동내용 및 원인	변동일	변동내용 및 원인	
2018.12.4.	건축과-33016(2018.12.04.)호에 의거 신규작성(신축)			
2020.7.15.	주택과-27562(2020.07.15.)호에 의거 위반건축물 표기(503호 조립식패널 무단증축) - 이하여백 -			

297㎜×210㎜[백상지 (80g/㎡)]

'위반'이라고 표시된 빌라를 전세가 이하에 낙찰받았다. 위반의 면적이 1m^2로 좁아서 쉽게 원상복구가 될 것 같았기 때문이다. 낙찰자는 150만 원을 들여 화장실을 원상 복구하고 공무원의 확인을 받는 절차를 거쳐 위반사항을 시정했다. 남들은 위반건축물이라는 사실만으로 무조건 피했지만, 위반의 내용이 무엇이고 해결할 수 있는지 판단하고 실행해서 수익을 많이 본 사례다.

가장 흔한 위반 사례는 불법 확장과 공용부분 무단 사용, 건축물 사선 제한 위반, 근린생활시설로 허가를 받아 주택으로 사용하는 무단 용도변경이다.

위반의 정도와 내용에 따라 이행강제금이 계속 부과되거나 양성화되지 않는 사례도 있으므로 아파트가 아닌 물건은 건축물대장을 떼어보는 습관을 들이도록 하자.

08

꼼꼼히 읽어야 하는 공매 공고문

나땅

경매는 매각과 함께 모든 권리가 말소하는 데 비해 공매는 임차인, 근저당이 인수되는 사건도 있다. 계약 체결 기간도 7일에서 길게는 60일까지 있고, 몇 년에 걸쳐 대금을 나누어 납부할 수도 있다. 공고 문을 잘 읽어봐야 하는 이유다.

◎ 압류재산 공매 조건

국세징수법에 의해 진행되는 압류재산 공매는 공매재산에 대한 모든 채권이 매각으로 인해 소멸한다. 임차인의 배분 요구 상황에 따라 선순위 임차인의 보증금이 낙찰자에게 인수될 수 있다. 선순위 임차인과 세금이 함께 배분 요구를 한 경우, 법정기일의 배분까지 따져야 하므로 임차인이 보증금을 다 받는지 아닌지 배분의 지식이 필요하고 정확하게 계산해봐야 한다(권리분석 방법에 대해서는 뒤에서 자세히 다루도록 한다).

⊙ 국유재산 공매 조건

국유재산 공매는 권리가 깔끔하다. 대부분 명도도 되어 있으며 관사와 같이 국가기관이 사용하던 부동산을 낙찰자가 기관으로부터 직접 매수하는 것이다. 부동산의 현황과 가치에 대한 판단만 제대로 하면 아무런 문제가 없다. 내부도 확인할 수 있다. 〈3-22〉처럼 온비드의 '물건 세부 정보'를 보면 담당자 연락처와 현장을 개방하는 요일과 시간이 나와 있다. 입찰보증금은 입찰가의 5~10%이고 계약 시 낙찰금액의 10%로 계약한다. 국유재산 공매 물건은 개수가 적은 편이다.

특별한 매각 조건이 있는 경우가 있다. 청렴이행서약서를 제출하고 5년 이내에 매도나 교환, 양도, 대여, 전대 등 일체의 행위를 할 수 없는 조건도 있다. 실제 사용할 사람에게 기회를 주고 투자 목적으로 접근하는 것을 막고자 함인데 이를 어길 시 물건이 환수될 수 있다.

물건 세부 정보	입찰 정보	시세 및 낙찰 통계	주변정보	부가정보

▌면적 정보

·토지면적 -   **·건물면적** 81.38m²

번호	종별(지목)	면적	지분	비고
1	건물 > 해운대힐스테이트 위브 1	81.38	-	-

▌위치 및 이용현황

소재지	지번	부산광역시 해운대구 중동 1818 (해운대 힐스테이트위브 ▬▬▬▬▬
	도로명	부산광역시 해운대구 좌동순환로433번길 30 (해운대 힐스테이트위브 ▬▬▬▬▬ 중동, 해운대힐스테이트위브)

위치 및 부근현황	- 부산광역시 해운대구 달맞이고개 북쪽 250m - 부산광역시 해운대 백사장 동쪽 900m - 부산광역시 동백초등학교 남쪽 270m (단지 출입구에서 도보 1분)
이용현황	대부계약 종료 후 현황 공실로 유지 중
기타사항	1. 입찰공고문, 입찰참가자 준수규칙 필히 확인하시기 바라며, 미숙지로 인한 불이익은 낙찰자 부담임. 2. 현황대로 매각하는 조건이므로 내·외부 적치물, 제반시설의 폐기 및 수리 등에 발생하는 비용은 낙찰자 부담입니다. 3. 현장 및 공부를 반드시 확인하시기 바랍니다. - 2024.09.09. 15:00~15:30 호실 내부 개방 예정이며, 참석 희망하시는 분들은 반드시 사전에 담당자(051-794-4678)에게 방문등록 해주시기 바랍니다. - 2024.09.06.까지 방문 희망자 없을 시 개방하지 않으며, 이후 별도 개방 불가합니다. 3. 입찰 참가 전 관련 공부 등 필히 확인하시기 바랍니다. 4. 낙찰자는 낙찰일로부터 5영업일 이내에 계약체결(매각보증금 입금)하셔야 하며, 공통 공고문 내용(9. 계약체결 및 대금 납부 방법)에도 불구하고 매매계약 체결일로부터 60일 이내에 일시납하는 조건입니다. 5. 잔금 완납 후 소유권이전되며, 소유권 이전 후에 사용 가능합니다. 6. 매수자 변심, 매각보증금 또는 잔대금 미납 등의 원인으로 인한 계약 취소시 계약금은 국고로 귀속되오니 신중한 입찰 참여 부탁드립니다. ※ 대지권 [대지권의 목적인 토지의 표시] 1. 부산광역시 해운대구 중동 1817 도로 3,826.0m² 2. 부산광역시 해운대구 중동 1818 대 141,142.8m² 3. 부산광역시 해운대구 중동 1819 도로 2,488.8m² [대지권의 표시] 1 소유권대지권 883806000000분의 283714200 2 소유권대지권 326039868000000분의 10467510900 3 소유권대지권 574912800000분의 184569000
조사일자	2024-06-17

◎ 신탁재산 공매 조건

신탁재산 공매는 신탁회사에 맡겨진 위탁사의 물건을 신탁회사가

[3-23] 근저당 인수 조건의 신탁재산 공매 물건

위치 및 이용현황		
소재지	지번	경기도 남양주시 다산동 3718 한화꿈에그린아파트 ▬▬▬
	도로명	경기도 남양주시 다산지금로16번길 56, ▬▬▬ (다산동, 한화꿈에그린아파트)
위치 및 부근현황	매수인 확인	
이용현황	매수인 확인	
기타사항	매수인 확인 * 근저당 등은 매수인이 입찰가격 외 별도의 금액으로 책임 처리하는 조건입니다. * 부가가치세 별도 물건입니다. 반드시 공매공고안을 확인해주시기 바랍니다. *대지권 비율 : 32577.1분의60.647 담보신탁의 우선수익자 : 에스비자산관리대부(T. 02-569-9914) 우리자산신탁주식회사 매도 부동산에 등기상 소유자이며, 위 연락처는 소유자인 당사에 연락처가 아닙니다. 상기 연락처에 연락하는 것은 전적으로 매수인의 책임이며, 우리자산신탁주식회사는 관련하여 어떠한 책임 도 지지 않으므로 유의하시기 바랍니다.	

처분하는 것이다. 권리분석은 까다로운 편이다. 곰팡이나 결로, 누수 등 현 상태 그대로의 매각 조건이고, 많은 부분이 매수자 책임이다. 특이하게도 신탁재산 공매는 근저당이 인수될 수 있다. 〈3-23〉의 신탁재산 공매 사건을 보자. '기타사항'에 보면 "근저당 등은 매수인이 입찰가격 외 별도의 금액으로 책임 처리하는 조건입니다"라고 나와 있다. 낙찰대금 이외에 근저당금액을 따로 갚아야 한다는 뜻이다. 실제 낙찰가에 근저당금액을 더해 사는 것이기 때문에 인수되는 금액이 얼마인지 반드시 확인해야 한다.

신탁재산 공매는 국세징수법이나 지방세법, 민사집행법에 따라 이뤄지는 게 아니라 신탁회사의 임의대로 처분하는 것이기 때문에 재화의 공급으로 본다. 따라서 면제 요건을 충족하지 않는 경우 건물분에 대해 부가가치세가 발생할 수 있다. 또한 토지거래허가구역 내 물건인 경우 신탁재산 공매는 일반 매매와 같이 토지거래허가를 받아야 하니 유의해야 한다.

이처럼 신탁재산 공매는 일반 매매에 가깝기 때문에 오해를 해서는 안 되겠다. 이러한 허들로 인해 신탁재산 공매는 낙찰가가 낮은 편이다.

나땅의 쏠쏠 정보

부가가치세가 부과되지 않는 경·공매 물건

재화의 공급에는 부가가치세가 발생하는데 예외적으로 다음의 경우는 재화의 공급으로 보지 않는다.

1. 국세징수법 제66조에 따른 공매(국세징수법에 의한 수의계약에 따라 매각도 포함)
2. 지방세법 제28조에 따른 공매
3. 민사집행법에 따른 경매

토지거래허가가 필요 없는 경·공매 물건

토지거래허가구역 내의 부동산을 취득할 때는 다음의 경우 예외적으로 토지거래허가를 받지 않는다.

1. 민사집행법에 의한 경매
2. 국유재산법 제12조의 규정에 의한 국유재산을 일반경쟁입찰에 의한 처분의 경우(국유재산 공매)
3. 공유재산 및 물품관리법 제10조에 따른 공유재산을 일반경쟁입찰로 처분하는 경우(공유재산 공매)
4. 국세 및 지방세의 체납처분 또는 강제집행의 경우(압류재산 공매)

09

공유재산 공매로
저렴하게 매장 오픈하기

나땅

행꿈사 수강생 아트님은 2021년 갑작스럽게 암 판정을 받으면서 직장을 그만두었다. 항암치료와 수술을 받으며 한 달 가까이 입원해 있으면서 앞으로 무엇을 할지 고민하다 행꿈사TV를 보고 경·공매 투자를 마음먹었다. 경·공매를 배워 첫 입찰에서 낙찰을 받고 이후 아파트 4채를 낙찰받았다. 그 즈음 사업을 해볼까 하는 생각을 갖고 있다가 우연치 않게 아트 딜러라는 직업을 접하고 매력을 느꼈다.

그렇게 아트 딜러로 일을 시작했고, 공매 물건을 유심히 보던 중 본인에게 딱 맞는 물건을 발견했다. 공유재산 공매 사건의 임대(대부) 물건이었다. 매장 없이 아트 딜러 영업을 하다 보니 갤러리가 있었으면 좋겠다는 생각을 늘 갖고 있던 터였다. 고가의 그림을 거래하려면 갤러리로 방문하게 하는 것이 고객에게 훨씬 신뢰를 주는 방

법이었다.

아트님은 송도의 '아트센터 인천' 내 상가를 공매로 낙찰받았다. 임대인은 인천경제자유구역청 청장이었다. "청장님이 계약하러 직접 오시는 거냐?" 물었는데 임대계약은 담당 공무원과 했다고 한다. 그렇게 무사히 갤러리를 오픈했다. 아트센터 인천 안에는 콘서트홀과 매점, 카페, 편의점들이 있고 공연이 있을 때는 많은 관람객이 한꺼번에 유입되는 특징이 있다. 송도의 랜드마크시티 호수변공원에 위치해 주변 환경도 아름답고 쾌적하다. 아트센터 인천 안에 있는 매장이라 주차장, 편의시설 등이 완벽하고 갤러리를 운영하기에 더할 나위가 없다.

최근 미술이 대중화되면서 아트 컬렉터들이 많아졌다. 부동산처럼 미술 작품도 가격이 올라가면 매매차익이 발생하는데 부동산과 다른 점은 취득세, 보유세, 양도소득세가 없다. 투자 측면에서 여러 가지 장점이 있어 재테크로 활용되고 있다. 생활 수준이 높아지면서 미술 분야는 전망이 밝고 아트 딜러는 식견이 높을수록 좋은 직업이라 평생 할 수 있다. 몸이 아파 시작하게 된 아트 딜러 일 그리고 공유재산 공매로 낙찰받은 갤러리로 인해 이제 아트님은 몸을 돌보면서 사업도 안정적으로 할 수 있게 되었다.

공매 공부는 관련 책을 읽거나 강의를 들으면서 한다.

온라인 강의보다는 오프라인 강의가 더 좋다.

단, 강사가 질문에 제대로 답해주는 강의를 들어야 한다.

유튜브로는 공부하지 않는다.

유튜브는 강의가 아니라 정보다.

잘 모르는 상태에서 잘못된 공부를 할 수 있다.

4장

권리분석
완벽 정리

01

대항력 있는
임차인이란

나땅

◎ 초보라면 선순위 임차인이 없는 물건을

부동산 관련 권리에는 등기사항전부증명서에 기재되는 권리가 있고 기재되지 않는 권리도 있다. 전자는 근저당 같은 물권이고 후자 중 대표적인 것이 임차인의 보증금이다. 등기사항전부증명서에 다른 채권이 없는 상태에서 임차인의 보증금은 임차인이 전입신고를 한 다음 날부터 대항력을 가진다. 대항력이 있는 임차인은 소유자가 바뀌더라도 계약기간을 주장할 수 있으며 보증금을 반환받을 때까지 점유하고 보증금을 요구할 수 있다. 자동차 주행 중에 사고가 나면 뒤 차 과실이 큰 것처럼 권리분석도 나중 된 채권자가 불리하다.

선순위 임차인은 법적으로 보호되는 임차인이다. 보증금과 계약

기간이 보장된다. 아무 권리가 없는 집에 가장 먼저 계약하고 들어왔는데 살고 있는 중에 채권 때문에 집이 매각되면 당황스럽고 상당히 불편하다. 대항력 있는 임차인은 보증금을 받고 나갈지 계약기간을 채우고 나갈지 선택할 수 있다. 선순위 임차인이 배분 요구를 하면 보증금을 받고 이사를 가겠다는 뜻이다. 배분 요구를 하지 않았다면 계약기간 만료까지 계약을 유지하겠다는 뜻이다.

임차인이 배분을 받는 경우, 낙찰이 되면 임차인이 보증금을 다 받는지 확인해야 한다. 배분 요구를 하지 않은 경우는 전세를 끼고 매수하는 것처럼 매매가에서 임차인 보증금을 뺀 금액에 낙찰받아야 한다. 공매 갭투자인 셈이다.

법은 시간 순서대로 보호한다. 시간상 먼저 된 권리부터 보호한다. 은행 대출이 있는 집에 임차인이 전세계약을 하고 전입했다고 치자. 임차인은 자기보다 앞선 권리자인 은행이 있고 자신의 권리가 은행보다 순위가 늦다는 것을 알 수 있다. 그래서 후순위 임차인은 보호가 안 되는 것이다. 등기사항전부증명서는 누구에게나 공개된 정보인데 이를 확인하지 않고 계약했으므로 보호가 안 된다.

순위는 등기사항전부증명서의 권리 날짜와 전입 날짜만 가지고 따진다. 임차인이 대항력을 가지려면 정당한 계약을 하고 전입하고 점유해야 한다. 공매에서는 정당한 계약인지 실제로 점유를 언제부터 했는지 확인이 어렵기 때문에 다른 조건은 갖추었다고 보수적으로 생각하고 전입 날짜로 순위를 따진다.

임차인이 전입하고 난 후에 대출이 있다면 임차인의 권리가 우선이다. 임차인은 나중에 채권이 생길 것을 미리 알 수 없지만, 채권자는 임차인이 있다는 것을 알고도 대출을 해준 것이기 때문이다. 은행은 대출을 할 때 전입세대를 확인하고 대출을 해준다. 반대로 대출이 있는데 임차인이 들어왔다면 은행에 먼저 배분하고 임차인은 후순위가 된다.

등기사항전부증명서에 기재된 권리와 임차인의 전입 날짜를 비교해서 임차인이 빠르면 선순위 임차인, 채권자가 빠르면 후순위 임차인이다. 후순위 임차인도 배분을 요구할 수 있지만 자신의 순위에서 배분받는 것 외에 낙찰자에게 요구할 수 있는 권리가 없다. 보증금을 전혀 못 받더라도 받지 못한 보증금을 낙찰자에게 요구할 수 없는 것이다. 임차인은 이미 대출이 있다는 것을 인식하고 계약을 했기 때문이다.

아파트 경·공매에서 대부분은 임차인이 없는 사건이다. 소유자가 대출을 받아 살다가 매각되는 경우는 따로 얽힌 권리가 없다. 얽힌 권리가 없는 경우는 시세와 미납 관리비만 조사하고 입찰할 수 있다. 후순위 임차인이 있는 경우도 시세와 미납 관리비만 조사하면 된다. 반면 상가는 후순위 임차인이 있거나 공실인 경우가 대부분이다. 토지는 대개 임차인이 없다. 권리분석에 자신이 없으면 선순위 임차인이 없는 사건으로 시작하자.

⊙ 은행은 당일부터, 임차인은 다음 날부터?

임차인의 대항력은 전입신고 당일이 아니라 다음 날부터 발생한다. 그 이유는 같은 날 설정된 다른 권리와의 선후관계를 정하기 곤란하기 때문이다. 가령 근저당 설정 당일 아침에 등기사항전부증명서를 보고 임차인이 없다는 사실을 확인한 은행이 아침 10시에 대출을 실행했다. 그런데 오후 3시에 임차인이 전입을 했다. 이때 임차인과 순위를 다퉈야 한다면 은행은 대출 업무를 하기가 어렵고, 악용될 소지도 많다.

근저당은 설정하기까지 많은 준비가 필요하다. 반면 전입은 절차가 간단하다. 아침에 전입이 없는 것을 확인한 권리자를 보호하기 위해 근저당은 당일부터 효력이 있고, 임차인은 다음 날부터 효력이 생기는 것이다. 따라서 같은 날 근저당과 전입이 함께 있다면 근저당은 당일부터, 전입은 다음 날부터 효력이 있기 때문에 임차인은 후순위가 된다.

이처럼 임차인 보호의 사각지대가 존재하기 때문에 표준임대차계약서에 특약사항을 넣는 것이 보통이다. 즉 임차인이 전입하는 날까지 설정되는 저당권에 대해 집주인이 책임을 지도록 하는 문구를 추가한다.

나땅의 쏠쏠 정보

공매를 공부할 때는 낙찰자 입장에서만 공부해야 한다. 채권자나 임차인 입장을 오가며 공부해서는 안 된다. 아직 권리분석을 제대로 못하는 상태에서 여러 입장을 오가다 보면 혼란스럽기만 할 따름이다.

⊙ 은행은 요구 못해도 임차인은 요구할 수 있다!

〈4-1〉을 보면 임차인이 2019년 8월 1일에 전입했음을 알 수 있다. 공매 사건에서 전입이 있으면 일단 임차인으로 표시한다. 임차인이 확정일자 관련 서류를 제출하지 않았다면 확정일자가 있더라도 미상으로 표시된다. 가족의 전입, 예를 들어 부모 자식 간에도 계약서를 작성하고 보증금을 주고받는 등 정상적인 절차로 계약했다면 주택임대차보호법의 보호를 받을 수 있다.

　가족의 전입은 가장 흔하게 보이는 위장 임차인 사례인데, 가족이

[4-1] 압류재산 공매 물건의 점유관계

점유관계	성명	계약일자	전입일자 (사업자등록신청 일자)	확정일자	보증금(원)	차임(원)	임차부분
전입세대주	김**	미상	2019-08-01	미상	0	0	미상

■ 점유관계 (감정평가서 및 현황조사서 기준)

[총 1건]

1

라 해서 임차인이 아닐 거라고 쉽게 보았다가 큰코다칠 수 있다. 가족은 선순위 전입을 하더라도 자신이 임차인이 아니기 때문에 적극적으로 임차인인 체하는 경우는 드물다. 매우 드물게 자신의 유익을 위해 거짓말을 서슴없이 하는 사람은 경·공매가 진행되는 이후 급하게 임대차계약서를 날조하는 경우도 있다. 낙찰자 입장에서는 선순위 전입이 있으면 대출도 쉽지 않으므로 선순위 전입은 조심스럽게 접근하도록 한다.

선순위 채권으로 대출이 있는 경우와 선순위 임차인이 있는 경우는 다르게 보호된다. 가령 대출이 3억 원 있는 아파트가 2억 원에 낙찰되었다면, 대출해준 은행은 3억 원의 대출금 중 2억 원만 받았다 해도 낙찰자에게 나머지 1억 원을 요구할 수 없다. 반면 3억 원의 전세보증금으로 계약한 선순위 임차인은 공매 절차에서 2억 원을 받고, 못 받은 1억 원에 대해서도 낙찰자에게 요구할 수 있다. 이것이 대항력이다. 법은 다른 채권이나 금융기관보다 임차인을 훨씬 두텁게 보호한다. 단, 무지에 대해서는 용서가 없다. 알았거나 몰랐거나 결과는 같다. 법은 알거나 알 수 있었음에도 한 행동에 대해서는 스스로 책임을 지도록 한다. 임대차계약을 하는 성년의 나이라면 당연히 경·공매 절차에서 내 보증금이 어떻게 보호받는지 알고 있어야 한다.

우선변제권이란

⊙ 우선변제권이 있는 근저당, 우선변제권이 없는 가압류

채권 중에 금액과 날짜가 정확하고 공시된 물권들이 있다. 물권의 대표적인 예는 근저당이다. 근저당의 채권최고액이 얼마인지, 권리가 언제부터 설정되었는지 등기사항전부증명서에 표시되고, 이 서류는 누구나 확인할 수 있다. 근저당은 우선변제권이 있다. 등기사항전부증명서에 기재되는 권리 중 빠른 순서대로 변제가 된다는 뜻이다. 즉 1순위 근저당이 돈을 다 받아야 2순위 근저당으로 넘어간다. 1순위 권자에게 배분하고 남은 돈이 없으면 2순위권자는 돈을 받지 못한다. 은행이 대출을 해줄 때 선순위 채권이 있으면 대출을 해주지 않는 이유나.

반면, 카드값이나 물품대금은 날짜와 금액의 선후관계가 애매하고 공시도 되지 않는다. 여러 카드의 대금을 동시에 연체했다면 어떤 카드사가 우선 돈을 받을 권리가 있는지 정하기가 곤란하다. 가압류권자는 다른 채권자보다 돈을 먼저 받아야 하는 순위의 근거가 부족하다. 가압류란 미리 재산을 압류하여 채무자가 처분하지 못하도록 하는 제도다. 가압류권자는 원래 부동산에 대해 돈을 받을 권리가 있는 것도 아니다. 우선변제권이 없어서 사이 좋게 비율대로 나눠 갖는다.

은행 대출이 먼저 있고 임차인이 나중에 전입했다면 임차인은 후순위가 된다. 후순위 임차인도 배분 요구를 할 수 있으나, 은행이 돈을 받고 남았을 때야 받을 수 있다. 그래서 후순위 임차인은 집이 경·공매로 넘어갔을 때 보증금을 돌려받을 수 있는지 계산하고 계약을 한다. 이런 이유로 은행은 대출을 해줄 때 전입세대확인서를 요구하고, 임차인은 계약 전에 등기사항전부증명서를 확인하는 것이다.

◎ 확정일자의 의미

임차인의 대항력 요건에서 중요한 것은 전입이다. 다른 채권자보다 빨리 전입했다면 보증금을 받을 때까지 반환을 요구할 수 있다. 그런데 전입신고를 할 때 보증금이 얼마인지는 표시되지 않는다. 순위와 금액을 인정받으려면 공신력 있는 증거가 필요하다. 먼저 전입한 사람이라고 해서 달라는 대로 보증금을 줄 수는 없지 않은가? 그 날짜에 그 금액을 받을 권리가 있다는 법원의 인정을 받으려면, 보증금이 얼마인지 공식적인 증거가 필요하다.

확정일자는 그 시점에 계약서가 있었다는 것과 보증금이 얼마인지를 확정해주는 증거의 효력이 있다. 행정복지센터에서 무료로 공증을 서주는 것이다. 임차인의 보증금은 시장에 따라 늘어날 수도 있고 줄어들 수도 있다. 금액이 확정되지 않았기 때문에 계약서에 도장을 찍어서 나중에 금액을 바꾸지 못하게 확정하는 것이 확정일자다. 확정일자는 금액에 대한 증거일 뿐 대항력과는 무관하다. 전세보증금은 늘어나는 경우가 더 많은데 늘어난 금액으로 다시 확정일자를 받지 않으면 증액분에 대해서는 금액에 대한 증거가 없는 것이다.

공매에서 배분을 받으려면 임차인은 우선 '보증금을 돌려받을 자격'이 있고 '보증금이 얼마인지에 대한 증거'도 있어야 한다. 그래서 전입과 확정일자가 필요한 것이다. 전입이 빠르다면 대항력이 있지만 확정일자가 없다면 보증금이 얼마인지 알 수 없다. 선순위 전입만 있고 확정일자가 없거나 늦은 경우는 배분이 안 되더라도 낙찰자에게 요구를 할 수 있다. 하지만 전입이 늦고 확정일자만 빠른 것은 의미가 없다. 자격이 없는데 순위만 빠른 것이 무슨 의미가 있겠는가?

대항력은 임차인이 전입한 다음 날부터 발생하고, 확정일자는 당일부터 인정된다. 우선변제권은 대항력과 확정일자를 동시에 갖춘

[4-2] 증액분 확정일자가 없을 때의 우선변제권

전입	확정일자	금액	
2020. 01. 01	2020. 01. 01	2억 원	2020. 01. 02 우선변제권 2억 원 있음
	증액분 확정일자 없음	1,000만 원	우선변제권 없음

[4-3] 증액분 확정일자가 있을 때의 우선변제권

전입	확정일자	금액	
2020. 01. 01	2020. 01. 01	2억 원	2020. 01. 02 우선변제권 2억 원 있음
	2022. 01. 01	1,000만 원	2022. 01. 01 우선변제권 1,000만 원 있음

날부터 있다. 또한 보증금이 증액되었다면 증액될 때마다 확정일자를 받아서 증거를 새로 받아야 한다. 가령 보증금 2억 원으로 2020년 1월 1일에 임대차계약을 하고 같은 날 전입신고를 하고 확정일자를 받았다면, 우선변제권은 2020년 1월 2일부터 있다. 그런데 2년 뒤인 2022년 1월 1일에 1,000만 원을 증액해서 계약하면 어떻게 해야 할까? 확정일자가 2020년 1월 1일에서 2년 뒤로 밀린다고 생각하고 확정일자를 다시 받지 않는 경우가 허다하다(4-2).

증액분에 대해서도 우선변제권을 받으려면 2022년 1월 1일 증액 계약서에 다시 확정일자를 받고 기존 계약서도 보관한다. 이런 경우 공매 사건에서 확정일자는 2개로 표시된다(4-3). 대항력을 갖춘 상태에서 확정일자를 받은 날 2억 원, 증액한 날 1,000만 원으로, 권리를 두 번 설정한 것처럼 나눠서 배분이 된다. 임차인은 자신의 보증금이 2억 1,000만 원이라고 뭉뚱그려 생각하지만 변제권은 2억 원과 1,000만 원으로 나뉘어 순위가 발생한다.

이 두 가지 확정일자 사이에, 가령 2021년에 다른 채권이 있다면 2020년에 받은 우선변제권은 선순위이지만 2022년도의 증액분 보증금은 후순위가 된다. 따라서 보증금을 증액하여 계약을 할 때는 등기사항전부증명서를 다시 확인해야 한다. 확인하지 않은 것은 본인 과실이기 때문에 등기사항전부증명서를 볼 줄 알아야 하고, 계약할 때는 최근 서류로 직접 떼어서 확인하는 습관을 들여야 한다.

⊙ 소액임차인의 최우선변제

후순위 임차인은 순위가 늦다는 이유로 늘 보증금이 보장되지 않는 약자의 입장에 처한다. 그래서 선순위로 들어갈 수 없는 적은 보증금을 가진 임차인을 보호하기 위해 순위와 관계없이 조건에 맞으면 가장 먼저 배분해주는 것이 최우선변제다. 배분의 룰을 떠나서 약자를 보호하기 위한 제도이므로 확정일자 조건은 필요하지 않다.

후순위 임차인은 낙찰자에게 보증금을 요구할 수 없기 때문에 입찰할 때 크게 고려하지 않지만, 명도 시에는 임차인이 보증금을 받는지 받지 못하는지에 따라 난이도가 달라진다. 또 기왕이면 임차인이 보증금을 받아서 나가야 마음이 편한 게 인지상정이다.

최우선변제 임차인의 조건

1. 공매 공고 전에 계약하고 전입한 경우
2. 지역과 담보물권설정일에 맞는 보증금 이하인 경우

최우선변제를 받는 임차인은 일단 공매 공고 전에 계약하고 전입해야 한다. 담보물권설정일에 지역마다 정해져 있는 금액 이하에 대해서 일부를 보호한다. 2023년 2월에 상향된 서울의 최우선변제 기준금액은 1억 6,500만 원 이하다. 보증금 전체가 아니라 5,500만 원까지만 최우선변제한다. 최우선변제 기준금액이 너무 적으면 임차인 보호 취지를 벗어나고, 너무 높으면 은행 입장에서는 방어가 안 되는 리스크다. 대출 이후에 혹시 들어올 수 있는 임차인이 먼저 받아갈 것을 예상하고 대출을 해주기 때문에 대출한도를 최우선변제금만큼 줄인다.

최우선변제금은 시대에 맞게 적절히 조정해서 소액임차인을 보호한다. 만약 2016년 10월에 대출이 실행된 서울 아파트에 2023년 10월 보증금 1억 2,000만 원에 계약하고 전입한 임차인이 있다면 그는 소액임차인일까, 아닐까? 이를 가름하는 기준은 임차인의 전입일이 아니라 은행의 대출 실행일이다. 2023년 10월 기준으로 최우선변제

[4-4] 주택 소액임차인을 위한 최우선변제금

담보물권설정일	지역	보증금 범위	최우선변제액
1984.06.14~1987.11.30	특별시, 직할시	300만 원 이하	300만 원까지
	기타 지역	200만 원 이하	200만 원까지
1987.12.01~1990.02.18	특별시, 직할시	500만 원 이하	500만 원까지
	기타 지역	400만 원 이하	400만 원까지
1990.02.19~1995. 10.18	특별시, 직할시	2,000만 원 이하	700만 원까지
	기타 지역	1,500만 원 이하	500만 원까지
1995.10.19~2000.9.14	특별시, 광역시 (군지역 제외)	3,000만 원 이하	1,200만 원까지
	기타 지역	2,000만 원 이하	800만 원까지
2001.9.15~2008.08.20	수도권(서울, 인천, 의정부, 구리, 남양주, 하남, 고양, 수원, 성남, 안양, 부천, 과천)	4,000만 원 이하	1,600만 원까지
	광역시(부산, 대구, 대전, 광주, 울산)	3,500만 원 이하	1,400만 원까지
	기타 지역	3,000만 원 이하	1,200만 원까지
2008.08.21~2010.07.25	수도권(서울, 인천, 의정부, 구리, 남양주, 하남, 고양, 수원, 성남, 안양, 부천, 과천)	6,000만 원 이하	2,000만 원까지
	광역시 (부산, 대구, 대전, 광주, 울산)	5,000만 원 이하	1,700만 원까지
	기타 지역	4,000만 원 이하	1,400만 원까지
2010.07.26~2013.12.31	서울	7,500만 원 이하	2,500만 원까지
	수도권과밀억제권 (서울 제외)	6,500만 원 이하	2,200만 원까지
	광역시 (과밀억제권과 군지역 제외)	5,500만 원 이하	1,900만 원까지
	안산, 용인, 김포, 광주	5,500만 원 이하	1,900만 원까지
	그 밖의 지역	4,000만 원 이하	1,400만 원까지
2014.01.01~2016.03.30	서울	9,500만 원 이하	3,200만 원까지
	수도권과밀억제권 (서울 제외)	8,000만 원 이하	2,700만 원까지

기간	지역	보증금	최우선변제액
2014.01.01~2016.03.30	광역시 (과밀억제권과 군지역 제외)	6,000만 원 이하	2,000만 원까지
	안산시, 용인시, 김포시, 광주시	6,000만 원 이하	2,000만 원까지
	그 밖의 지역	4,500만 원 이하	1,500만 원까지
2016.3.31~2018.09.17	서울특별시	1억 원 이하	3,400만 원까지
	수도권과밀억제권 (서울 제외)	8,000만 원 이하	2,700만 원까지
	광역시 (과밀억제권과 군지역 제외)	6,000만 원 이하	2,000만 원까지
	안산시, 용인시, 김포시, 광주시(세종시 포함)		
	그 밖의 지역(세종시 제외)	5,000만 원 이하	1,700만 원 이하
2018.09.18~2021.05.10	서울특별시	1억 1,000만 원 이하	3,700만 원 이하
	수도권과밀억제권 및 용인시, 화성시, 세종시	1억 원 이하	3,400만 원 이하
	광역시 및 안산시, 김포시, 광주시, 파주시	6,000만 원 이하	2,000만 원 이하
	그 밖의 지역	5,000만 원 이하	1,700만 원 이하
2021.05.11~2023.02.20	서울특별시	1억 5,000만 원 이하	5,000만 원까지
	수도권과밀억제권역 및 용인시, 세종시, 화성시	1억 3,000만 원 이하	4,300만 원까지
	광역시 및 안산시, 김포시, 광주시, 파주시	7,000만 원 이하	2,300만 원까지
	그 밖의 지역	6,000만 원 이하	2,000만 원까지
2023.02.21~	서울특별시	1억 6,500만 원 이하	5,500만 원까지
	수도권정비계획법에 따른 과밀억제권역 (서울 제외) 및 세종시, 용인시, 화성시, 김포시	1억 4,500만 원 이하	4,800만 원까지
	광역시(과밀억제권과 군지역 제외) 및 안산시, 광주시, 파주시, 이천시, 평택시	8,500만 원 이하	2,800만 원까지
	그 밖의 지역	7,500만 원 이하	2,500만 원까지

부동산 공매의 정석

금의 기준은 1억 6,500만 원 이하지만, 대출이 실행된 2016년 10월에 은행은 소액임차인 최우선변제금 1억 원 이하의 기준으로 대출을 해주었기 때문에 당시 기준으로 보호한다. 날짜가 늦을수록 기준이 높아지므로 임차인에게 유리해진다.

최우선변제는 임차인이 순위가 늦지만 은행보다 먼저 배분을 해주는 것이기 때문에 그 기준은 배분을 양보해야 하는 은행이 된다. 양보를 받는 임차인을 기준으로 생각하는 오류를 범하지 않도록 주의해야겠다. 담보물권설정 없이 가압류나 공매 공고만 있다면 배분기일로 최우선변제 기준을 정한다.

배분-돈을 어떻게 나눌 것인가

나땅

⊙ 쉬운 건 직접 하고, 어려운 건 위임한다

국유재산, 공유재산, 기관재산을 처분하는 공매는 채권자들에게 돈을 나눠주려는 목적이 아니다. 매각하는 과정에서 공공의 재산이 사익을 위해 이용되지 않도록 공개적으로 매각하는 것이다. 반면 압류재산 공매는 채권자가 돈을 받기 위해 채무자의 재산을 강제로 매각하는 것이다. 압류재산 공매 사건의 등기사항전부증명서를 보면, 세금채권도 있지만 돈을 받아야 할 채권자가 여럿이고 물건의 가치에 비해 갚아야 할 돈이 너무 많을 때가 있다. 최선은 가장 높은 금액에 사겠다는 사람에게 파는 것이다. 가장 높은 가격에 팔았는데도 배분할 돈이 모자라면 채권자 중 누구는 받고 누구는 받지 못하는 일이 벌어진다.

돈을 어떻게 나누는가가 바로 배분이다. 배분은 경매나 공매 모두 같은 기준으로 이루어진다. 임차인도 배분을 받는 채권자다. 그리고 국민은 채권자도 될 수 있고 채무자도 될 수 있다. 하지만 투자자는 배분을 깊게 공부할 필요가 없다. 정확하게 계산하기도 어렵다. 배분이 복잡한 물건은 공매에 자주 나오지도 않는다. 만일 입찰하고 싶은 물건이 여러 권리가 얽혀 있고 배분을 정확하게 계산해야 한다면 직접 하려 들지 말고 전문가의 도움을 받는 것이 좋다. 쉬운 건 직접 하고, 어려운 건 위임하여 효율적으로 하자. 사실 공매에서 가장 중요한 건 배분도 아니고 권리분석도 아니다. 수익이 나는 물건을 고르는 것, 그리고 나 자신의 의사결정이다.

◎ 배분의 원칙과 순서

임차인은 대항력이 있고 확정일자를 받아 날짜와 금액이 정해져야 근저당권자와 같이 우선변제권을 갖는다. 그런데 물품을 납품하고 대금을 받지 못한 경우는 어떨까? 이런 채권들은 받아야 할 권리는 있지만 제3자가 알 수 있게 공시가 되었거나 부동산에 대해 권리가 있는 것도 아니다. 이때 채권자는 법원에 지급명령 같은 소송을 통해 일단 채무자가 재산을 처분하지 못하게 막는다. 즉 가압류를 건다.

[4-5] 배분 순위의 예

번호	권리종류	권리자명	설정일자	설정금액
1	위임기관	남*****	2019. 12. 23	-
2	근저당권	농******	2018. 03. 02	2억 7,000만 원
3	압류	국******	2019. 11. 05	-
4	압류	포***	2021. 05. 24	
5	압류	남****	2022. 09. 19	

이러한 가압류 같은 채권들은 우선변제권이 없다. 우선변제권이 없는 채권들은 서로 평등하다고 보고 채권의 비율대로 나눠 받는다. 예를 들어보자. 〈4-5〉를 보면 배분 순위가 가장 높은 것은 물건지의 지방자치단체 남*****의 세금이다. 두 번째는 근저당권자 농******이다. 채권최고액은 2억 7,000만 원이지만 실제 채권액은 이보다 적을 수 있다.

근저당권자에게 배분을 하고 남은 돈이 있으면 그다음 순서인 압류 국*****, 포***, 남****이 채권액 비율대로 사이 좋게 나눠 받는다. 대신 법정기일이 있는 압류채권은 법정기일이 빠른 순서대로 배분을 해준다.

2022년 이후 급등했던 매매가와 전세가가 떨어지면서 후폭풍으로 임차인이 보증금을 돌려받지 못하는 사고가 많이 생겨났다. 과거에는 임차인 보증금보다 당해세가 우선이었다. 하지만 궁지에 몰린 임차인들이 목숨을 끊는 일까지 벌어지는 마당에 세금까지 임차인

보증금보다 먼저 배분되는 것은 적절치 못하다 하여 임차인을 더욱 보호하는 방향으로 법이 개정되었다. 당해세라고 해도 법정기일이 임차인보다 늦다면 임차인 보증금을 우선 배분한다.

그렇게 해서 보증금 1,000만 원 이상의 계약을 체결한 임차인은 집주인의 동의 없이도 집주인의 세금 체납 여부를 확인할 수 있도록 했다. 법정기일이 빠른 세금 체납이 있는 집을 임차해 피해를 보지 않도록 제도를 보완한 것이다. 부동산 관련 지식이 없는 사회적 약자들이 항상 소중한 보증금을 잃는 피해를 당한다. 반면 부자들은 부동산 관련 지식에 해박하다.

물론 법정기일이 빠른 세금은 여전히 배분의 순위가 빠르다. 은행이 근저당을 설정할 때 국세완납증명서와 지방세완납증명서를 요구하는 것도 법정기일이 빠른 세금이 있는지 확인하기 위해서다. 배분을 깊이 있게 공부할 필요는 없지만, 임차인의 입장에서 보증금을 받을 수 있는지 없는지 정도는 알아야 한다.

04

초보라면
아파트에 입찰하라

나땅

공매 공부를 하다 보면 임차인 입장일 때는 깨닫지 못했던 주택임대
차보호법의 강력함을 느낄 수 있다. 임차인을 보호한다는 것은 임차
인의 이익과 반대되는 상대방은 보호하지 않는다는 의미. 2,800억
원짜리 공장에 채권이 5,000억 원이던 공매 사건이 기억난다. 근저
당만 수천억 원이고 세금은 또 얼마나 많이 체납되었겠는가? 검찰청
압류까지 있는 사건이었지만 권리분석은 간단했다. 두려운 것은 수
천억 원의 은행 근저당과 검찰청 압류가 아니다. 가장 무서운 건 선
순위 임차인이다. 선순위 임차인만 낙찰자에게 보증금을 요구할 수
있는 채권자이기 때문이다.

선순위 임차인은 권리가 가장 빠른 채권자다. 임차인의 전입 이후
다른 권리자들이 생긴 것이다. 선순위 임차인은 보증금 배분을 요구

[4-6] 임차인이 없는 국유재산 공매 물건의 예

□ 현황조사서

■ 국유재산 내역

소재지	지번	경상북도 구미시 봉곡동 391 봉곡현대아파트 ▓▓▓▓▓▓		
	도로명	경상북도 구미시 봉곡남로24길 3 (봉곡동, 봉곡현대아파트 ▓▓▓▓▓▓▓)		
토지면적(㎡)		31.88	건물면적(㎡)	59.76
종목(지목)		토지 > 대	면적(㎡)	31.88
종목(지목)		건물 > 경상북도 구미시 봉곡동	면적(㎡)	59.76

물건 관련 사진

사진1   사진2

지적도   위치도

■ 위치 및 이용현황

이용현황	현황공실 ▓▓▓▓▓▓
위치 및 부근현황	구미시 봉곡동 소재, 봉곡현대아파트임
기타사항	1. 현황대로 매각하는 건으로 명도 및 매각에 따른 일체의 책임은 낙찰자에게 있으므로 입찰 전 반드시 사전답사 및 관련공부 확인 후 입찰참가 필요 2. 매각대금 일시납 조건으로 분납이 불가하며, 일시납 불가 시 보증금 국고귀속 3. 유의사항 1) 내부정리 및 명도책임은 매수자 부담 2) 낙찰일로부터 5영업일 이내 계약을 체결해야하며, 매수자 변심 및 현장, 공부 미확인 등의 원인으로 인한 계약취소 시 계약금은 국고 귀속 3) 토지 및 건물 관련법에 따른 입주제한 등 매수자 조건미비로 인한 매매계약체결 불가시 보증금은 국고 귀속
조사일자	2021-04-01

■ 명도이전책임 및 부대조건

명도책임	매수자
부대조건	

해서 받든지 아니면 낙찰자에게 받을 수 있다. 선순위 임차인이 없는 사건도 있다. 후순위 임차인이거나 소유자가 점유하고 있거나 공실인 경우다. 〈4-6〉의 사건은 임차인이 없고 현재 공실인 국유재산 공매다. 권리분석이 쉽고 명도할 필요가 없기 때문에 초보에게 적합한 물건이다. 권리분석과 배분 계산에 자신이 없는 투자자는 이처럼 선순위 임차인이 없는 물건에 입찰하면 된다. 그런 면에서 아파트가 투자하기 좋다. 아파트 공매는 소유자가 점유하고 있는 경우가 가장 많기 때문이다.

임차인에게 보증금을
꼭 줘야 할까

⊙ 임차인이 인수된다는 것의 의미

선순위 임차인의 보증금은 요구를 해야 배분을 해줄까, 아니면 요구하지 않아도 배분해줄까? 사람들은 말을 안 해도 배분해주는 것이 임차인에 대한 배려라고 생각하는 듯한데, 임차인은 조건에 맞춰서 배분 요구를 해야 배분을 받는 채권자다.

선순위 임차인이 배분 요구를 조건에 맞춰서 잘했다면, 낙찰자가 잔금을 납부하고 한 달 정도 뒤에 배분을 받는다. 만일 배분받는 금액이 보증금에 못 미친다면 낙찰자에게 나머지 보증금을 달라고 할 수 있고, 명도를 거부할 수도 있다. 선순위 임차인이 배분 요구를 하지 않았다면 임차계약을 유지하겠다는 의미다. 이 계약이 유지되는 것이 임차인이 인수되는 사건이다. 또한 임차인이 인수된다는 것은 그 책임이 나에게 있다는 뜻이다.

임차인에게 배분 요구에 대해 안내해주는 것은 거주 의사를 묻는 것이다. "거주하시는 집이 공매 진행 중인데 배당기일에 보증금을 받고 이사를 가실 건가요? 아니면 계약기간까지 더 계실 건가요?" 배분 요구를 했다면 이사를 가겠다는 뜻이고, 배분을 받으면 임차인은 이사를 가야 한다. 이것은 선순위 임차인이 선택할 수 있다. 반면 후순위 임차인은 선택할 수 없다. 배분을 받고 이사 가는 길밖에 없다.

◎ 임차인이 인수되는 공매 물건 사례

임차인이 인수되는 사건이라면, 갭투자처럼 매매가에서 임차인의 보증금을 뺀 금액까지 유찰되는것을 기다렸다가 입찰해야 한다. 〈4-7〉을 보자. 와이앤케이파트너스대부㈜가 근저당 1순위이고 그 뒤로 가압류와 압류가 있다. 파주세무서는 물건지 세무서라 압류 날짜는 이들보다 늦어도 1순위로 표시되어 있다. 등기사항전부증명서에서 세금은 채권금액이 표기되지 않는다. 공매 정보지 '배분 요구 및 채권신고 현황'에는 법정기일과 금액이 표기된다(〈4-8〉).

〈4-7〉의 등기사항전부증명서에서 가장 빠른 권리는 2017년 7월

[4-7] 등기사항전부증명서 주요 정보와 점유관계

■ 등기사항증명서 주요정보

번호	권리종류	권리자명	설정일자	설정금액(원)
1	위임기관	파주세무서	2018-07-02	-
2	근저당권	와이앤케이파트너스대부(주)	2017-07-17	50,000,000
3	가압류	신용보증기금	2017-09-25	498,500,000
4	가압류	중소기업중앙회	2017-10-18	100,000,000
5	가압류	중소기업진흥공단	2017-10-24	94,230,310
6	압류	파주시청(징수과)	2018-01-22	-
7	가압류	신한카드(주)	2020-06-04	11,089,413

■ 점유관계(감정평가서 및 현황조사서 기준)

점유관계	성명	계약일자	전입일자 (사업자등록신청일자)	확정일자	보증금(원)	차임(원)	임차부분
전입세대주	조■■	-	2016-03-31	-	230,000,000	-	미상

17일이다. 임차인은 2016년 3월 31일에 전입했다. 임차인의 대항력은 전입한 다음 날 0시부터 발생하므로 2016년 4월 1일부터 임차인은 대항력이 있다. 그런데 〈4-8〉의 배분 요구 및 채권신고 현황을 보면 신고내역이 없다. 보증금이 2억 3,000만 원인데 자신의 보증금을 돌려달라는 의사 표시를 하지 않았다. 즉 계약기간까지 더 살겠다는 의미다.

물론 배분 요구를 하지 않았다고 계속 살 수 있는 것은 아니고 공매가 진행되는 동안은 같은 조건에 묵시적으로 계약이 갱신된 것으로 본다. 낙찰자는 임차인의 계약이 종료될 때 2억 3,000만 원을 따로 쥐야 한다. 인수되는 임차인 공매는 전세를 끼고 사는 갭투자와 비슷하다. 다시 한 번 강조하지만 선순위 임차인만 거주 여부를 선택할 수 있다. 다른 채권보다 전입이 늦은 후순위 임차인은 절차에 맞

[4-8] 배분 요구 및 채권신고 현황

▣ 배분요구 및 채권신고현황(배분요구서 기준, 채권액은 변동될 수 있음)

번호	권리종류	권리자명	설정일	설정금액(원)	배분요구일	배분요구채권액(원)
1	근저당권	와이앤케이아파트너스대부(주)	2017-07-17	50,000,000	2021-06-07	50,000,000
2	압류	파주시청(징수과)	2018-01-22	-	2021-06-11	1,643,680
3	교부청구	담양군청	-	-	2021-08-05	95,790
4	교부청구	국민건강보험공단 파주지사	-	-	2021-06-25	4,191,660
5	물건지지방자치단체	파주시청	-	-	-	1,643,680
6	가압류	신용보증기금	2017-09-25	498,500,000	-	-
7	가압류	중소기업중앙회	2017-10-18	100,000,000	2021-07-26	143,866,019
8	가압류	중소기업진흥공단	2017-10-24	94,230,310	2021-06-02	142,783,381
9	가압류	신한카드(주)	2020-06-04	11,089,413	2021-06-02	19,745,267
10	위임기관	파주세무서	2018-07-02	-	2021-05-06	156,461,970
11	일반채권자	와이앤케이아파트너스대부	-	-	2021-06-07	21,891,814

[4-9] 파주 아파트 입찰 정보

← 이전   목록   다음 →

2021-05643-009　　　　입찰시간 : 2021-11-15 10:00~ 2021-11-17 17:00　　　　조세정리팀(☎ 1588-5321)

소재지	경기도 파주시 목동동 647 해솔마을1단지두산위브 ▨▨▨▨ 　지도 　지도 　주소복사 (도로명주소 : 경기도 파주시 해솔로 85 두산위브 ▨▨▨ (목동동, 해솔마을1단지두산위브아파트))		
물건용도	주거용건물	감정가	**392,000,000 원**	재산종류	압류재산(캠코)
세부용도	기타주거용건물	최저입찰가	(40%) 156,800,000 원	처분방식	매각
물건상태	낙찰	집행기관	한국자산관리공사	담당부서	인천지역본부
토지면적	36.4309㎡ (11.02평)	건물면적	59.144㎡ (17.891평)	배분요구종기	2021-08-09
물건상세	대 36.4309㎡, 건물 59.144㎡		
위임기관	파주세무서	명도책임	매수인	조사일자	0000-00-00
부대조건	본건은 점유자의 주민등록 등재사실에 의하여 대항력 있는 임차인이 있을 수 있사오니 사전조사 후 입찰바람 2021/08/09		

• 입찰 정보(인터넷 입찰)

입찰번호	회/차	대금납부(기한)	입찰시작 일시~입찰마감 일시	개찰일시 / 매각결정일시	최저입찰가
0008	042/001	일시불(30일)	21.11.01 10:00 ~ 21.11.03 17:00	21.11.04 11:00 / 21.11.08 10:00	196,000,000
0008	043/001	일시불(30일)	21.11.08 10:00 ~ 21.11.10 17:00	21.11.11 11:00 / 21.11.15 10:00	176,400,000
0008	044/001	일시불(30일)	21.11.15 10:00 ~ 21.11.17 17:00	21.11.18 11:00 / 21.11.22 10:00	156,800,000
				낙찰 : 172,480,010원 (110%)	
0008	045/001	일시불(30일)	21.11.22 10:00 ~ 21.11.24 17:00	21.11.25 11:00 / 21.11.29 10:00	137,200,000
0008	046/001	일시불(30일)	21.11.29 10:00 ~ 21.12.01 17:00	21.12.02 11:00 / 21.12.06 10:00	117,600,000
0008	047/001	일시불(30일)	21.12.06 10:00 ~ 21.12.08 17:00	21.12.09 11:00 / 21.12.13 10:00	98,000,000

현황사진	위치도	개황도	구조도	감정평가서	건물등기	세대열람	전자지도	전자지적도	로드뷰
토지이용계획열람	온나라지도	인근공매정보	인근공매다타정보	인근공매정보					

게 배분 요구를 한 뒤 배분을 받고 이사해야 한다.

〈4-9〉의 공매 물건은 시세가 4억 5,000만 원이고, 입찰자는 1억 7,250만 원 정도에 낙찰받았다. 임차인이 배분 요구를 하지 않아 임차인의 보증금이 낙찰자에게 인수되었기 때문이다. 2억 3,000만 원의 전세를 끼고 1억 7,250만 원에 낙찰받았으니 4억 250만 원에 매수한 셈이다. 감정평가는 인수되는 권리를 따지지 않고 행해지기 때문에 감정평가금액은 3억 9,200만 원이었다. 그리고 1억 원대로 떨어지기까지 여러 번 유찰되었다.

공매 투자를 할 때는 전세금이 인수되는지 아닌지를 반드시 확인해야 한다. 인수된다는 말의 의미를 모르고 시세대로 낙찰받았다가 나중에 알게 되어 잔금을 미납하는 사례가 많다. 이 경우 입찰보증금은 돌려받을 수 없다.

임차인이 인수되는 경우의 입찰가 계산식

입찰가 = 희망 매수가격 - 인수되는 임차인 보증금 - 수익

06

공매 권리분석의
3단계

나땅

공매의 권리분석은 3단계로 이루어진다. 1단계는 선순위 임차인이 있는지, 있다면 배분 요구를 했는지 확인하고 배분 계산을 하는 것이다. 선순위 임차인이 없다면 권리분석은 간단해진다. 2단계에서는 낙찰자에게 인수되는 것이 있는지 확인한다. 3단계는 계약 조건 확인이다. 입찰보증금은 얼마이며, 토지거래허가를 받아야 하는지, 전입 의

[4-10] 공매 권리분석의 3단계

1단계	선순위 임차인이 있는가? 배분 요구를 했는가?	배분 계산
2단계	등기사항전부증명서에서 낙찰자에게 인수되는 것이 있는가?	낙찰자 인수 조건의 근저당 등
3단계	계약 조건	입찰보증금/토지거래허가/전입 의무

부동산 공매의 정석

무가 있는지 등을 알아본다. 이 순서대로 권리분석을 하면 된다.

◎ 1단계: 등기사항전부증명서에 기재되는 권리와 임차인의 전입일을 비교한다

〈4-11〉은 임대차 정보와 등기사항전부증명서 주요 정보가 나와 있는 공매 정보지다(공매 정보지에서 등기사항전부증명서 주요 정보는 시간 순

[4-11] 임대차 정보와 등기사항전부증명서 주요 정보

■ 임대차 정보(감정평가서 및 신고된 임대차 기준)

임대차내용	성명	보증금(원)	차임(월세)(원)	환산보증금(원)	확정(설정)일	전입일
임차권	경*****	-	-	-	-	2017-06-16
전입세대주	강**	-	-	-	-	1997-04-01
전입세대주	이**	-	-	-	-	2012-02-22
전입세대주	정**	-	-	-	-	2022-01-26

■ 등기사항증명서 주요정보

번호	권리종류	권리자명	설정일자	설정금액(원)
1	위임기관	동*****	2019-09-19	-
2	근저당권	남*********	1996-04-29	11,700,000
3	압류	역****	2018-01-10	-
4	압류	하***	2018-12-17	-
5	압류	역****	2019-04-26	-
6	압류	영***	2019-05-02	-
7	임차권	경*****	2019-08-13	70,000,000
8	압류	서***	2020-07-01	-
9	가압류	엠*********	2021-01-13	7,427,109
10	압류	수***	2021-09-08	-
11	압류	역****	2022-01-21	-
12	압류	동*****	2022-02-04	-
13	압류	안*****	2022-09-20	-
14	압류	국***********	2022-11-24	-
15	압류	강***	2022-12-05	-
16	가압류	오************	2022-12-09	6,081,994
17	압류	하***	2023-06-29	-

서대로 나열되어 있지 않음을 주의한다). 먼저 빨간 네모 부분의 전입일과 설정일자를 비교한다. 여러 설정일자와 임차인의 전입일을 비교해서 권리가 빠른지 전입이 빠른지 체크한다. 임차인이 많다고, 또 권리가 많다고 겁먹지 말자. 등기사항전부증명서에서 가장 빠른 권리는 1996년 4월 29일의 근저당이다. 임차인 중에서는 1997년 4월 1일의 강** 씨가 가장 빠르다. 임차인 강** 씨는 전입 당시 근저당이 있는 사실을 알고 전입했기에 후순위 임차인이다. 후순위 임차인은 배분 요구를 할 수 있지만 못 받은 보증금에 대해 낙찰자에게 요구할 권리는 없다. 즉 이 사건에는 선순위 임차인이 없다. 임차인이 여럿이지만 권리분석은 쉬운 물건이다.

선순위 임차인이 없는 경우

선순위 임차인이 없는 사건, 즉 후순위 임차인이 있거나 소유자가 점유하고 있는 경우 현재 점유자는 명도의 대상이 된다. 점유자는 낙찰자에게 보증금을 요구할 권리가 없다. 단, 공매는 강제집행이 없으므로 점유자의 상황에 따라 명도의 난이도가 어떨지 생각해봐야 한다.

[4-12] 선순위 임차인이 없는 경우

점유관계	성명	계약일자	전입신고일자	확정일자	보증금	차임	배분요구일자	채권신고일자
조회된 데이터가 없습니다.								

선순위 임차인이 있는 경우

선순위 임차인이 있는 사건이라면 배분 요구를 했는지 확인한다. 배분 요구를 했다면 임차인이 배분을 얼마 받는지 계산할 수 있어야 한다. 선순위 임차인이 있는 사건은 배분 계산이 안 되는 상태에서는 입찰하면 안 된다. 임차인이 배분 요구도 하지 않고 보증금이 얼마인지도 밝히지 않았다면 입찰할 수 없다.

[4-13] 선순위 임차인이 있는 경우

점유관계	성명	계약일자	전입신고일자	확정일자	보증금	차임	배분요구일자	채권신고일자
임차인	황**	미상	2021-05-04	2021-09-03	185,000,000	0	2022-06-24	2022-06-24

번호	권리관계	성명	압류/설정(등기) 일자	법정기일 (납부일자)	설정금액 (원)	배분요구채권액	배분요구일
1.	임차인	황** (임차인)			0	185,000,000	2022-06-24
2	압류	광주 동구청	2022-10-19	2021-07-10~2022-10-10	0	8,335,180	2023-01-27
3	교부청구	국민건강 보험		2021-05-10~2022-10-10	0	21,784,820	2023-01-05
4	교부청구	전주덕진 구청		2021-10-10~2021-10-10	0	64,370	2022-05-27
5	물건지 지방자치 단체	광주 동구청		2021-03-10~2022-07-10	0	8,335,180	
6	위임기관	전주 세무서	2022-02-17	2021-03-10~2023-12-09	0	589,344,120	2022-04-26

⊙ 2단계: 선순위 임차인이 있다면
배분 요구 여부와 배분금액을 확인한다

상가나 토지는 권리분석이 복잡한 경우가 거의 없다. 주택에는 투자를 하지 않는 투자자라도 권리분석을 주택으로 배우는 이유는 주택 권리분석을 할 수 있게 되면 모든 권리분석이 가능해지기 때문이다. 주택은 소유자나 후순위 임차인이 점유하고 있는 경우 혹은 공실인

[4-14] 압류재산 공매 재산명세 예시

점유관계	성명	계약일자	전입신고일자	확정일자	보증금	차임	배분요구일자	채권신고일자
임차인	황**	미상	2021-05-04	2021-09-03	185,000,000	0	2022-06-24	2022-06-24

배분 요구 및 채권신고 현황

번호	권리관계	성명	압류/설정(등기)일자	법정기일(납부일자)	설정금액(원)	배분요구채권액	배분요구일
1.	임차인	황**(임차인)			0	185,000,000	2022-06-24
2	압류	광주동구청	2022-10-19	2021-03-10~2022-10-10	0	8,335,180	2023-01-27
3	교부청구	국민건강보험		2021-05-10~2022-10-10	0	21,784,820	2023-01-05
4	교부청구	전주덕진구청		2021-10-10~2021-10-10	0	64,370	2022-05-27
5	물건지지방자치단체	광주동구청		2021-03-10~2022-07-10	0	8,335,180	
6	위임기관	전주세무서	2022-02-17	2021-03-10~2023-12-09	0	589,344,120	2022-04-26

경우 2단계 권리분석이 필요 없다. 선순위 임차인이 있는 사건에서 2단계의 권리분석이 중요하다.

　배분 요구를 한 임차인은 배분을 모두 받는지 확인하고, 혹시 배분이 안 되는 금액이 있다면 얼마인지 파악해야 한다. 순위대로 배분하면서 압류일이 아니라 법정기일로 배분되는 조세나 공과금이 있으면 계산이 까다롭다. 다른 채권은 권리설정일에 배분을 해주는 데 반해 법정기일이 있는 세금·공과금은 압류일이 아니라 법정기일로 배분을 해주기 때문이다. 지식이 온전하지 않은 경우 스스로 계산하려 하지 말고 전문가에게 의뢰하거나 피하는 것이 좋다. 경·공매 투자에서 사고는 배분 여부 판단 실수에서 많이 나온다.

　〈4-14〉를 보자. 2번의 압류/설정(등기)일자 2022년 10월 19일과 6번의 2022년 2월 17일보다 임차인의 전입신고일자 2021년 5월 4일이 빠르다. 선순위 임차인이면서 배분 요구를 했다. 임차인의 우선변제권(확정일자 2021년 9년 3일)보다 법정기일이 빠른 5번 광주동구청(2021년 3월 10일)과 6번 전주세무서(2021년 3월 10일)가 있으므로 배분에 유의해야 하는 물건이다.

◎ 3단계: 낙찰자에게 인수되는 계약 조건이 있는지 확인한다

매각과 함께 대부분의 권리가 말소되지만 일부는 인수되는 경우가

[4-15] 임대차 정보와 등기사항전부증명서 주요 내용

■ 임대차 정보(감정평가서 및 신고된 임대차 기준)

임대차내용	성명	보증금(원)	차임(월세)(원)	환산보증금(원)	확정(설정)일	전입일
임차권	경*****	-	-	-	-	2017-06-16
전입세대주	강**	-	-	-	-	1997-04-01
전입세대주	이**	-	-	-	-	2012-02-22
전입세대주	정**	-	-	-	-	2022-01-26

■ 등기사항증명서 주요정보

번호	권리종류	권리자명	설정일자	설정금액(원)
1	위임기관	동*****	2019-09-19	-
2	근저당권	남*********	1996-04-29	11,700,000
3	압류	역****	2018-01-10	-
4	압류	하***	2018-12-17	-
5	압류	역***	2019-04-26	-
6	압류	영***	2019-05-02	-
7	임차권	경*****	2019-08-13	70,000,000
8	압류	서***	2020-07-01	-
9	가압류	염*********	2021-01-13	7,427,109
10	압류	수***	2021-09-08	-
11	압류	역****	2022-01-21	-
12	압류	동*****	2022-02-04	-
13	압류	안*****	2022-09-20	-
14	압류	국************	2022-11-24	-
15	압류	강***	2022-12-05	-
16	가압류	오************	2022-12-09	6,081,994
17	압류	하***	2023-06-29	-

[4-16] 임대차 정보와 등기사항전부증명서 주요 내용

🔲 입찰 전 알아야 할 주의사항

공매재산에 대하여 등기된 권리 또는 가처분으로서 매각으로 효력을 잃지 아니하는 것

최선순위 전세권(설정일: 2021.06.10 / 전세권자: 한국승강기안전공단)

공매재산의 매수인으로서 일정한 자격을 필요로 하는 경우 그 사실

유의사항

배분요구의 종기까지 배분요구를 하지 않은 최선순위 전세권은 매각으로 소멸되지 않고 매수인이 인수부담하는 조건임

있다. 이때는 압류재산 정보에 주요사항으로 표기된다. 〈4-16〉을 보면 첫 번째에 "공매재산에 대하여 등기된 권리 또는 가처분으로서 매각으로 효력을 잃지 아니하는 것"이라고 써 있다. 낙찰되면 전 소유자와 얽힌 권리들이 효력을 잃어야 하는데 혹시 인수되는 게 있는지 알려주겠다는 의미다. 매각으로 효력을 잃지 않으면 낙찰자 책임이라는 뜻이기 때문에 그 내용이 무엇인지 잘 읽어봐야 한다. 또한 입찰자가 특별한 자격을 갖추어야 하거나 낙찰받고 이행해야 하는 조건이 있는지 확인한다.

'입찰 전 알아야 할 주의사항'은 없는 경우가 많다. 주의사항이 있으면 따로 챙겨 읽어봐야 한다. 〈4-16〉은 주의사항이 있는 경우로 최선순위 전세권이 있는 사건이다. 즉 한국승강기안전공단의 전세권이 인수되기 때문에 한국승강기안전공단이 계속 임차하는 형태로 낙찰되는 것이다. 전세임차인을 인수하며 매수하는 갭투자와 비슷하다. 공매에서 전세권자는 묵시적 갱신 상태로 계약이 유지되는 것으로 본다.

이상과 같이 권리분석을 마친 다음에는 부동산에 대한 분석을 해야 한다.

공매 권리분석
연습하기

◉ 권리분석의 순서

1단계로 먼저 선순위 임차인이 있는지 확인한다. 선순위 임차인이
없거나 소유자가 점유하고 있다면 배분 요구를 했는지 확인할 필요
가 없다. 다음으로 인수되는 권리를 확인한다. 매각으로 소멸되지 않
는 권리가 없다면 권리상 안전한 물건이므로 현장 조사 단계로 넘어
간다.

⊙ 유형 1: 선순위 임차인이 없는 물건

1단계: 선순위 임차인 여부 확인

〈4-17〉은 선순위 임차인이 없는 사건이다. 따라서 임차인 권리분석이 필요 없다.

2단계: 배분 요구 확인

선순위 임차인이 배분 요구를 했는지 확인하고 다른 채권들의 날짜 순위를 따져보는 단계다. 이 경우 선순위 임차인이 없으므로 확인할 필요가 없다.

3단계: 인수되는 권리 확인

매각으로 소멸하지 않는 권리가 있는지 확인한다. 없다면, 그 밖의 특이사항이 있는지 확인한다. 그런 다음 물건의 가치에 대해 조사한다. 이런 유형의 권리분석이 가장 많다. 권리분석이 간단한 물건이기 때문에 초보가 입찰하기에 적당하다. 시세와 미납 관리비만 조사하면 된다.

> **유형 1: 임차인이 없는 사건**
>
> 권리분석상 인수되는 것이 없는 물건이다. 미납 관리비와 시세를 조사하여 입찰한다.

압류재산 공매재산 명세

처분청	경주세무서	관리번호	2023-01149-001
공매공고일	2024-06-19	배분요구의 종기일자	2023-04-18
공매재산의 표시	경상북도 경산시 하양읍 금락리 130-5 하양2차우방타운 ▓▓▓▓▓▓▓▓ 대 75.3㎡ 지분(총면적 16,933㎡ 16933분의75.3 지분) 건물 84.81㎡		
공매(매각)예정가격/입찰서제출(입찰)기간/개찰일자/매각결정기일		온비드 입찰정보 참조	
공매보증금		공매(매각)예정가격의 100분의 10	

■ 공매재산 이용 및 점유현황 　　　　　　　[조사일자 : 2023-03-16 / 정보출처 : 현황조사서]

공매재산의 현황	아파트
공매재산 기타	1. 본건 개요 및 현황 - 본건은 경상북도 경산시 하양읍 금락리 소재 "하양읍행정복지센터" 남측 인근에 위치하는 "하양2차우방타운" 제205동 제1층 제106호 단위세대로서, 아파트로 이용중임. 2. 관공서 열람내역 - 성내2동행정복지센터 : 전입세대주 백난수(전입일자:2020.11.27.) 3. 점유관계 현황 - 본건 방문시 2회 이상 방문하였으나 폐문부재 중으로, 출입문에 배분요구안내 통지서 부착됨. - 본건은 폐문부재로 인하여 정확한 임차내역은 별도 재확인을 요함. 4. 기타 특이사항 - 본건은 점유자의 주민등록 등재사실에 의하여 대항력 있는 임차인이 있을 수 있으오니 입찰자 책임하 공부 및 현황 사전조사 후 입찰바랍니다.

점유관계	성명	계약일자	전입신고일자 (사업자등록 신청일자)	확정일자	보증금	차임	임차부분	비고
			조회된 데이터가 없습니다.					

■ 임차인 배분 요구 및 채권신고 현황

임대차 구분	성명	계약일자	전입신고일자 (사업자등록 신청일자)	확정일자	보증금	차임	임차부분	배분요구 일자	채권신고 일자	비고
				신고된 내역이 없습니다.						

■ 배분요구 및 채권신고 현황

번호	권리관계	성명	압류/설정 (등기)일자	법정기일 (납부기한)	설정금액(원)	배분요구 채권액(원)	배분요구일
1	임차인	세입자(변시내투입)			0	0	배분요구 없음

■ 배분요구 및 채권신고 현황

번호	권리관계	성명	압류/설정 (등기)일자	법정기일 (납부기한)	설정금액(원)	배분요구 채권액(원)	배분요구일
2	근저당권	대구경북능금농업협 동조합(영천지점)	2021-09-17		2,000	199,524	2024-06-04
3	교부청구	영천시청		2021-07-29 ~ 2022-09-10	0	2,297,650	2023-03-08
4	교부청구	국민건강보험공단 영 천지사		2023-09-10 ~ 2024-06-10	0	1,102,030	2024-06-24
5	물건지지방자 치단체	경산시청(세무과)		2022-07-10 ~ 2022-09-10	0	968,930	
6	가압류	대구경북능금농협 영 천지점			0	19,560,185	2024-06-05
7	위임기관	경주세무서	2022-02-21	2022-12-01 ~ 2022-12-01	0	59,898,480	2023-02-27

* 채권신고 및 배분요구현황은 배분요구서를 기준으로 작성하였으며 신고된 채권액은 변동될 수 있습니다.
* 배분요구일자 미등록 건에 대해서는 담당자를 통해 배분요구 여부를 반드시 확인하여 주시기 바랍니다.

■ 공매재산에 대하여 등기된 권리 또는 가처분으로서 매각으로 그 효력을 잃지 아니하는 것

■ 매각에 따라 설정된 것으로 보게 되는 지상권의 개요

■ 기타 유의 사항

전입세대주(본건은 주민등록 등재사실에 의한 전입세대가 존재하며, 매수인에게 인수부담되는 임차보증금이 있을 수 있사오니 사전조사 후 입찰 바람)

2024. 08. 09

한국자산관리공사 대구경북지역본부

◎ 유형 2: 후순위 임차인이 있는 물건

1단계: 선순위 임차인 여부 확인

〈4-18〉의 임차인 전입신고일자와 압류/설정(등기)일자를 비교해보자. 채권 중 가장 빠른 것은 2011년 11월 1일 근저당이다. 전입신고일은 2011년 11월 4일이기 때문에 임차인은 후순위다.

2단계: 배분 요구 확인

선순위 임차인이 없으면 배분을 확인할 필요가 없다.

3단계: 인수되는 권리 확인

선순위 임차인이 없으면서 매각으로 소멸하지 아니하는 권리가 없다면, 그 밖의 특이사항이 있는지 확인한다. 그런 다음 물건의 가치에 대해 조사한다. 이 사건은 따로 인수되는 권리가 없다. 따라서 '기타 유의사항'을 보면 "미납 관리비/공과금 등에 대해서는 사전 조사 후 입찰 바람"이라고 표시되어 있다.

> **유형 2: 후순위 임차인이 있는 물건**
>
> 인수되는 임차인 보증금이 없는 사건이므로 시세와 미납 관리비 조사를 한 다음 초보도 입찰할 수 있는 물건이다.

압류재산 공매재산 명세

처 분 청	진주세무서	관 리 번 호	2023-08188-001
공매공고일	2024-07-10	배분요구의 종기일자	2023-09-25
공매재산의 표시	경상남도 통영시 미수동 645 유성타워맨션 █████████ 대 25.091㎡ 지분(총면적 4,683㎡ 4683분의25.091 지분) 건물 59.895㎡		
공매(매각)예정가격/입찰서제출(입찰)기간/개찰일자/매각결정기일		온비드 입찰정보 참조	
공 매 보 증 금		공매(매각)예정가격의 100분의 10	

■ 공매재산 이용 및 점유현황　　　　　　　　　[조사일자 : 2023-08-11 / 정보출처 : 현황조사서]

공매재산의 현황	아파트
공매재산 기타	□ 본건개요 및 현황 - 경상남도 통영시 미수동 645 유성타워맨션 제1동 제13층 제1309호 　현황 : 아파트 □ 관공서열람내역 - 주민센디: 전입세대주 김** (2011-11-04), 김** (2022-12-23)에 등록됨. □ 점유관계 현황 - 본건 2회 방문하였고 폐문부재로 방문취지 및 연락처(배분요구안내 통지서 및 현황조사 방문 안내문)남김. - 임대차 관계는 체납자를 만나지 못하였으므로 정확한 임대차 유무 및 내역은 별도의 확인을 요함 □ 기타 사항 - 미납되어 있는 관리비와 공과금이 있을 수 있으므로 별도의 확인을 요함.

점유 관계	성명	계약일자	전입신고일자 (사업자등록 신청일자)	확정일자	보증금	차임	임차부분	비고
	김**	미상	2011-11-04	미상	미상	미상	미상	말소
	김**	미상	2022-12-23	미상	미상	미상	미상	체납자

■ 임차인 배분 요구 및 채권신고 현황

임대차 구분	성명	계약일자	전입신고일자 (사업자등록 신청일자)	확정일자	보증금	차임	임차부분	배분요구 일자	채권신고 일자	비고
				신고된 내역이 없습니다.						

■ 배분요구 및 채권신고 현황

번호	권리관계	성명	압류/설정 (등기)일자	법정기일 (납부기한)	설정금액(원)	배분요구 채권액(원)	배분요구일
1	근저당권	삼성화재해상보험주식회사	2011-11-01		0,000	113,517	2024-07-11
2	주소지세무서	통영세무서			0	0	배분요구 없음
3	물건지지방자치단체	통영시청			0	0	배분요구 없음
4	위임기관	진주세무서	2023-02-28	2019-01-25 ~ 2019-04-01	0	85,027,400	2023-07-04

(설정금액 1단계 + 배분요구채권액 2단계 / 배분요구일 3단계)

* 채권신고 및 배분요구현황은 배분요구서를 기준으로 작성하였으며 신고된 채권액은 변동될 수 있습니다.
* 배분요구일자 미등록 건에 대해서는 담당자를 통해 배분요구 여부를 반드시 확인하여 주시기 바랍니다.

■ 공매재산에 대하여 등기된 권리 또는 가처분으로서 매각으로 그 효력을 잃지 아니하는 것

■ 매각에 따라 설정된 것으로 보게 되는 지상권의 개요

■ 기타 유의 사항

1. 미납 관리비/공과금 등에 대해서는 사전조사 후 입찰바람.

2024. 08. 07

한국자산관리공사 경남지역본부

⊚ 유형 3: 선순위 임차인이 배분을 요구한 물건

1단계: 선순위 임차인 여부를 확인한다

〈4-19〉의 '임차인 배분 요구 및 채권신고 현황'을 보면, 임차인은 2019년 3월 11일에 전입신고를 했다. 그리고 '배분 요구 및 채권신고 현황'을 보면, 가장 빠른 권리가 2번 부평세무서(체납징수과) 압류로 압류/설정(등기)일자가 2022년 3월 10일이다. 따라서 임차인이 선순위이다.

2단계: 임차인 보증금이 배분되는지 확인한다

선순위 임차인은 배분 요구를 했기 때문에 배분 계산을 해야 한다. '배분 요구 및 채권신고 현황'을 보면, 4번 교부청구권자 국민건강보험공단 인천계양지사의 경우 압류사항은 없다. 하지만 건강보험료가 2017년 1월 10일부터 2023년 11월 10일까지 체납된 상태로 배분요구채권액은 179만 9,730원이다. 그리고 임차인의 우선변제권은 2019년 3월 12일이 기준이므로(2019년 2월 19일 확정일자, 3월 11일 전입신고) 건강보험료 납부 법정기일인 2017년 1월 10일부터 임차인의 우선변제권 2019년 3월 12일 사이의 채권이 먼저 배분된다.

　이처럼 배분받는 임차인이 있으면서 법정기일이 빠른 세금과 공과금이 있는 사건은 배분금액이 부족해서 임차인이 보증금을 모두 받지 못하는 것은 아닌지 주의가 필요하다. 선순위 임차인이 배분을 못 받는 금액은 낙찰자에게 요구할 수 있기 때문이다. 그럼에도 불구하고 경매보다는 법정기일과 금액이 표시되어 권리분석을 하기가 용이하다. 경매에서는 세금의 액수나 법정기일을 알려주지 않지만 공매는 모두 공개된다.

3단계: 인수되는 권리가 있는지 확인한다

매각으로 소멸하지 않는 권리가 없으면 현장 조사를 한다.

유형 3: 선순위 임차인이 배분을 요구한 물건

임차인 보증금의 배분을 계산하여 인수되는 금액이 있는지 확인이 필요한 물건이다.

압류재산 공매재산 명세

처분청	계양세무서	관리번호	2023-13598-001
공매공고일	2024-07-03	배분요구의 종기일자	2023-12-26
공매재산의 표시	인천광역시 계양구 용종동 228-1 초정마을하나아파트 대 11.893㎡ 지분 (총면적 34.712㎡ 34712분의11.893 지분) 건물 26.395㎡		
공매(매각)예정가격/입찰서제출(입찰)기간/개찰일자/매각결정기일		온비드 입찰정보 참조	
공매보증금		공매(매각)예정가격의 100분의 10	

■ 공매재산 이용 및 점유현황   [조사일자 : 2023-12-01 / 정보출처 : 현황조사서]

공매재산의 현황	아파트
공매재산 기타	○ 본건 개요 및 현황 - 본건 인천 계양구 용종동 소재, 현황 아파트로 이용중임 ○ 관공서 열람내역 - 주민센터 : 전입세대주 없음 ○ 점유관계 현황 - 본건 점유관계조사차 현장 2회 방문하였으나, 폐문부재로 관공서 열람내역으로 대체함 - 정확한 임차내역 및 건물현황은 별도 재확인을 요함

점유관계	성명	계약일자	전입신고일자 (사업자등록 신청일자)	확정일자	보증금	차임	임차부분	비고
			조회된 데이터가 없습니다.					

■ 임차인 배분 요구 및 채권신고 현황

임대차 구분	성명	계약일자	전입신고일자 (사업자등록 신청일자) 【1단계】	보증금	차임	임차부분	배분요구 일자	채권신고 일자	비고
임차권	한국토지주택공사	미상	2019-03-11 2019-02-19	85,000,000	0	미상	2023-11-02	2023-11-02	

■ 배분요구 및 채권신고 현황

번호	권리관계	성명	압류/설정 (등기)일자	법정기일 (납부기한)	설정금액(원) 【1단계】	배분요구 채권액(원) 【2단계】	배분요구일
1	임차권	한국토지주택공사	2023-07-12		000	0	2023-11-02
2	압류	부평세무서(체납징세과)	2022-03-10		0	0	배분요구 없음
3	교부청구	춘천시청		2023-09-10 ~ 2023-09-10	0	54,200	2023-11-20

▣ 배분요구 및 채권신고 현황

번호	권리관계	성명	압류/설정 (등기)일자	법정기일 (납부기한)	설정금액(원)	배분요구 채권액(원)	배분요구일
4	교부청구	국민건강보험공단 인		2017-01-10 ~ 2023-11-10	0	1,799,730	2023-11-17
5	물건지 지단체	계양구			0	0	배분요구 없음
6	위임기관	계양세무서	2022-03-10	2021-08-02 ~ 2024-03-08	0	40,619,500	2023-09-20

* 채권신고 및 배분요구현황은 배분요구서를 기준으로 작성하였으며 신고된 채권액은 변동될 수 있습니다.
* 배분요구일자 미등록 건에 대해서는 담당자를 통해 배분요구 여부를 반드시 확인하여 주시기 바랍니다.

▣ 공매재산에 대하여 등기된 권리 또는 가처분으로서 매각으로 그 효력을 잃지 아니하는 것

대항력 있는 임차권등기는 임차보증금이 전액 배분되는 경우에 한하여 임차권등기가 말소되므로 사전조사 후 입찰바람

▣ 매각에 따라 설정된 것으로 보게 되는 지상권의 개요

▣ 기타 유의 사항

대항력 있는 임차인 (본건은 권리신고 및 배분요구한 임차인이 임차보증금 전부를 배분 받지 못하는 경우 매수인이 인수부담할 수 있으므로 사전조사 후 입찰 바람)

2024. 08. 07

한국자산관리공사 인천지역본부

부동산 공매의 정석

⊙ 유형 4: 임차인의 보증금이 미상인 물건

1단계: 선순위 임차인인지 확인한다

임차인의 전입신고일자와 압류/설정(등기)일자를 비교한다. 임차인이 빠르다면 선순위 임차인 사건이다. 〈4-20〉을 보자. 2016년 6월 10일 고**의 전입이 있고, 압류/설정(등기)일자 중 가장 빠른 것은 18번 북광주세무서의 2017년 3월 29일이다. 임차인이 빠르다. 선순위 임차인이다.

2단계: 임차인의 배분 요구 여부를 확인한다

선순위 임차인이 배분 요구를 했는지 확인하고 다른 채권들의 날짜 순위를 따져본다. 선순위 임차인이 배분 요구를 하지 않으면 낙찰자에게 인수된다. 그런데 이 사건처럼 보증금이 미상인 경우 입찰가를 산정하기 곤란하다. 희망하는 낙찰금액에서 선순위 임차인의 보증금을 빼 입찰가를 계산해야 하기 때문이다. 이렇듯 선순위 임차인의 보증금 액수를 알아내지 못하면 입찰이 불가하다.

3단계: 인수되는 권리를 확인한다

매각으로 소멸하지 않는 특별한 권리가 있는지 확인한다. 이 사건에서는 "공매재산에 대하여 등기된 권리 또는 가처분으로서 매각으로 그 효력을 잃지 아니하는 것"이 없다. 간단하게 말해 모두 효력을 잃는다.

유형 4: 선순위 임차인의 보증금이 미상인 물건

임차인의 보증금이 인수될 여지가 있어 추가 조사 없이는 입찰하기 어렵다.
초보에게는 위험한 물건이다. 선순위 임차인 보증금이 인수될 수 있다는 점
을 모르고 입찰하여 사고가 나는 경우가 잦다.

[4-20] 유형 4. 선순위 임차인 보증금이 미상인 사건

압류재산 공매재산 명세

처 분 청	북광주세무서	관 리 번 호	2017-02183-413
공매공고일	2024-06-19	배분요구의 종기일자	2023-08-21
공매재산의 표시	전라남도 순천시 연향동 1628 호반리젠시빌 ▨▨▨ 대 51.7626㎡ 지분(총면적 26,274.2㎡) 건물 82.601㎡		
공매(매각)예정가격/입찰서제출(입찰)기간/개찰일자/매각결정기일		온비드 입찰정보 참조	
공 매 보 증 금		공매(매각)예정가격의 100분의 10	

■ 공매재산 이용 및 점유현황　　　　[조사일자 : 2023-08-01 / 정보출처 : 현황조사서]

공매재산의 현황	아파트
공매재산 기타	□ 본건 개요 및 현황 - 본건 전라남도 순천시 연향동 소재, 현황은 아파트로 이용중. □ 전입세대 열람내역 - 2016.06.10일자 전입세대 있음. □ 점유 관계 현황 - 본건 현황조사 방문시, 임차인을 만나 대면함. - 임차인은 채납자와 임차계약 후 거주중임을 구두 진술함. - 배분요구서 및 현황조사 안내문 교부와 함께 채권신고 및 배분요구서 작성 방법등을 설명함. - ...와 다를수 있으니, 필히 임차인여부 및 대항력 유무, 전입 세대주 등은 별도 확인하여야 함.

점유관계	성명	계약일자	전입신고일자 (사업자등록 신청일자)	확정일자	보증금	차임	임차부분	비고
전입세대주	고**	미상	2016-06-10	미상	미상	미상	미상	

■ 임차인 배분 요구 및 채권신고 현황

임대차구분	성명	계약일자	전입신고일자 (사업자등록 신청일자)	확정일자	보증금	차임	임차부분	배분요구일자	채권신고일자	비고
신고된 내역이 없습니다.										

■ 배분요구 및 채권신고 현황

번호	권리관계	성명	압류/설정 (등기)일자	법정기일 (납부기한)	설정금액(원)	배분요구 채권액(원)	배분요구일
1	압류	종로세무서	2022-11-18	2022-01-15 ~ 2022-01-15	0	128,004,340	2022-11-21
2	압류	종로구청(과세외)	2022-04-08	2021-10-07 ~ 2022-11-18	0	701,450,000	

4장_권리분석 완벽 정리　　　　　207

■ 배분요구 및 채권신고 현황

번호	권리관계	성명	압류/설정(등기)일자	법정기일(납부기한)	설정금액(원)	배분요구 채권액(원)	배분요구일
3	압류	광주광역시청(세정담당관)	2019-03-18	2017-06-10 ~ 2022-10-01	0	2,141,360,510	2022-11-20
4	압류	영등포구청(징수과)	2021-10-22	2021-07-10 ~ 2024-07-10	0	496,992,310	2022-11-17
5	교부청구	부산광역시		2022-06-10 ~ 2022-06-10	0	255,860	2023-07-20
6	교부청구	전주완산구청		2018-07-10 ~ 2020-07-10	0	1,487,750	2023-07-24
7	교부청구	광주남구청		2018-07-10 ~ 2024-07-10	0	2,512,280	2023-07-25
8	교부청구	서천군청		2023-09-10 ~ 2023-09-10	0	16,600	2022-11-17
9	교부청구	광주북구청		2021-01-04 ~ 2024-07-10	0	6,434,800	2022-11-22
10	교부청구	해운대구청		2016-06-10 ~ 2020-12-10	0	3,873,310	2022-11-18
11	교부청구	은평구청		2018-07-10 ~ 2018-09-10	0	365,780	2022-12-02
12	교부청구	광산구청		2018-07-10 ~ 2023-07-10	0	1,777,710	2022-11-25
13	교부청구	광양시청		2019-07-10 ~ 2022-09-10	0	2,055,660	2022-11-25
14	교부청구	나주시청		2018-07-10 ~ 2019-07-10	0	418,630	2022-11-30
15	교부청구	동해시청		2023-09-10 ~ 2023-09-10	0	54,280	2024-01-23
16	교부청구	국민건강보험공단 광주북부지사		2020-02-10 ~ 2024-07-30	0	249,469,170	2024-03-15
17	물건지지방자치단체	순천시청		2022-07-10 ~ 2024-07-10		13,557,920	
18	위임기관	북광주세무서	2017-03-29	2017-03-30 ~ 2021-03-29	0	6,051,395,380	2017-10-30

신고 및 배분요구현황은 배분요구서를 기준으로 작성하였으며 신고된 채권액은 변동될 수 있습니다.
배분요구일자 미등록 건에 대해서는 담당자를 통해 배분요구 여부를 반드시 확인하여 주시기 바랍니다.

■ 공매재산에 대하여 등기된 권리 또는 가처분으로서 매각으로 그 효력을 잃지 아니하는 것

부동산 공매의 정석

⊙ 유형 5: 임차인의 보증금이 인수되는 물건

1단계: 선순위 임차인인지 확인한다

임차인의 전입신고일자와 압류/설정(등기)일자를 비교한다. 임차인이 빠르다면 선순위 임차인 사건이다. 〈4-21〉을 보면 2009년 8월 4일 이**의 전입이 있고, 같은 임차인이 2009년 8월 18일에 전세권을 설정했다. 이어서 보면 압류/설정(등기)일자 중 가장 빠른 것은 7번 중소벤처기업진흥공단의 2020년 10월 20일이다. 임차인이 빠르다. 선순위 임차인이다.

2단계: 임차인의 배분 요구 여부를 확인한다

선순위 임차인이 배분 요구를 했는지 확인하고 다른 채권들의 날짜 순위를 따져본다. 선순위 임차인이 배분 요구를 하지 않으면 낙찰자에게 인수된다. 3,500만 원의 보증금으로 계약한 임차인이 전입도 하고 전세권도 설정했는데 배분 요구를 하지 않았다. 따라서 낙찰자에게 보증금이 인수된다.

현재 KB부동산 시세가 5,750만 원이니 5,750만 원에 매수한다고 가정하면 '5,750만 원(시세)-3,500만 원(인수되는 보증금)=2,250만 원'에서 기대수익을 더 빼서 입찰해야 한다. 만약 2,250만 원에 낙찰되면 시세에 낙찰을 받는 것이다. 이 물건은 2024년 9월 현재 1,650만 원 이상에 입찰이 가능하다.

압류재산 공매재산 명세

처 분 청	순천세무서	관 리 번 호	2022-11836-001
공매공고일	2024-04-24	배분요구의 종기일자	2023-10-10
공매재산의 표시	전라남도 여수시 미평동 284 주공아파트 [ ] 대 23.37㎡ 지분(총면적 35,603㎡ 3560300분의2337 지분) 건물 38.64㎡		
공매(매각)예정가격/입찰서제출(입찰)기간/개찰일자/매각결정기일		온비드 입찰정보 참조	
공 매 보 증 금		공매(매각)예정가격의 100분의 10	

■ 공매재산 이용 및 점유현황　　　　　　　　[조사일자 : 2023-09-20 / 정보출처 : 현황조사서]

공매재산의 현황	아파트
공매재산 기타	□ 본건 개요 및 현황 - 본건 전라남도 여수시 미평동 소재, 현황은 아파트로 이용중. □ 관공서 열람내역 - 돌산읍사무소 : 전입세대주 이**(2009-08-04)가 등록됨. □ 점유관계 현황 - 본건 현황조사 2회 방문시, 폐문부재로 현황조사 방문안내문 및 채권신고 배분요구서를 부착함. - 현재까지 아무런 연락이 없는 상태임. - 실제 현황과 다를 수 있으니, 필히 임차인 여부 및 대항력 유무등은 별도 확인하여야 함. □ 기타 사항 - 본건 아파트 관리비 연체등은 별도 관리사무소를 통해 확인하여야 함.

점유 관계	성명	계약일자	전입신고일자 (사업자등록 신청일자)	확정일자	보증금	차임	임차부분	비고
전입세 대주	이**	미상	2009-08-04	미상	미상	미상	미상	주민센터 자료활용

■ 임차인 배분 요구 및 채권신고 현황

임대차 구분	성명	계약일자	전입신고일자 (사업자등록 신청일자)	확정일자	보증금	차임	임차부분	배분요구 일자	채권신고 일자	비고
				신고된 내역이 없습니다.						

■ 배분요구 및 채권신고 현황

번호	권리관계	성명	압류/설정 (등기)일자	법정기일 (납부기한)	설정금액(원)	배분요구 채권액(원)	배분요구일
1	전**	이 ** ㄷ(전세권자)	2009-08-18		0	0	배분요구 없음

■ 배분요구 및 채권신고 현황

번호	권리관계	성명	압류/설정(등기)일자	법정기일(납부기한)	설정금액(원)	배분요구채권액(원)	배분요구일
2	교부청구	광양시청		2020-12-10 ~ 2024-05-03	1단계 ＋ 2단계	...5,290	2023-01-25
3	교부청구	국민건강보험공단 광양구례지사		2024-02-10 ~ 2024-04-10	0	40,800	2024-04-29
4	물건지지방자치단체	여수시청		2023-07-10 ~ 2023-07-10	0	55,090	
5	가압류	신용보증기금(2021카단50616)	2021-03-17		428,400,000	392,965,889	2023-04-03
6	가압류	기술보증기금(2020카단11343)	2020-11-16		319,250,000	386,734,937	2023-02-06
7	가압류	중소벤처기업진흥공단(2020카단11278)	2020-10-20		99,947,253	0	배분요구 없음
8	가압류	중소기업은행(2022카단11176)	2022-09-19		107,980,808	119,652,252	2023-09-20
9	가압류	주식회사국민은행(2021카단769)	2021-05-24		125,174,746	145,412,268	2030-02-13
10	위임기관	순천세무서	2021-07-16	2021-05-26 ~ 2024-03-11	0	444,329,530	2022-10-27

* 채권신고 및 배분요구현황은 배분요구서를 기준으로 작성하였으며 신고된 채권액은 변동될 수 있습니다.
* 배분요구일자 미등록 건에 대해서는 담당자를 통해 배분요구 여부를 반드시 확인하여 주시기 바랍니다. (3단계)

■ 공매재산에 대하여 등기된 권리 또는 가처분으로서 매각으로 일지 아니하는 것

을구 3번 전세권

■ 매각에 따라 설정된 것으로 보게 되는 지상권의 개요

■ 기타 유의 사항

1. 배분요구 종기까지 배분요구를 하지 않은 최선순위 전세권은 매각으로 소멸되지 않고 매수인이 인수부담하는 조건이며 정확한 점유관계 및 임차인 현황, 대항력유무, 관리비 미납 여부, 물건 개방 여부, 기타 권리관계 등을 사전 확인 후 입찰 참가 바람.
2. 전입세대주 이** 전입일자 2009.08.04.

2024. 07. 05

한국자산관리공사 광주전남지역본부

보증금 액수인 3,500만 원까지 유찰된 이후 입찰해야 하기 때문에 유찰이 많이 돼야 하는데, 이 과정에서 낮은 입찰가만 보고 인수되는 금액은 모르는 채 입찰하는 사고가 나기도 한다. 공매가 위험하다고 하는 것은 이처럼 임차인의 보증금이 인수되는 경우 때문일 것이다. 보증금을 정확하게 안다면 그만큼 유찰될 때까지 기다리다 낙찰을 받으면 되고, 대출 없이 대금을 납부할 수 있다. 낙찰 이후에 임차인을 만나서 남은 계약기간에 대해 상의하면 된다. 가령 1,600만 원에 낙찰을 받는다면 대출이 필요 없을 것이다. 임차인이 나갈 때 3,500만 원을 돌려주기 위해 대출을 받든지 다른 임차인을 들여서 보증금을 돌려주는 것이 보통이다.

3단계: 인수되는 권리를 확인한다

매각으로 소멸하지 않는 특별한 권리가 있는지 확인한다. 이 사건에서는 전세권이 인수된다. 전세권자에게 3,500만 원을 주어야 말소할 수 있다. 임차인이 전입도 하고 전세권도 설정한 이런 유형은 인수되는 보증금의 액수를 빼고 입찰하면 된다. 보증금이 얼마인지 시세가 얼마인지는 우리가 알 수 있기 때문에 입찰가 산정만 잘하면 아무 문제가 없다. 명도도 하지 않고 추후에 점유자와 상의하면 되기 때문에 수월하다.

[4-22] 유형 5. 임차인 보증금이 인수되는 물건의 정보

행꿈사옥션 경매정보의 모든 것

♡ 관심물건등록

본 공매물건의 내용은 온비드에서 반드시 확인 후 입찰하시기 바랍니다.

2022-11836-001 [온비드 바로가기] • 입찰시간 : 2024-09-23 14:00 ~ 2024-09-25 17:00   • 문의(☎ 1588-5321)

소 재 지	전라남도 여수시 미평동 284 주공아파트		[도로명검색] [주소 복사]		
도 로 명	전라남도 여수시 미평로 77		(미평동, 주공아파트)		
물건종별	주거용건물	자산종류	압류재산(캠코)	감정가	66,000,000원
세부용도	아파트	처분방식	매각	최저입찰가	16,500,000원
토지면적	23.37㎡ (7.082평)	물건상태	입찰준비중	집행기관	한국자산관리공사
건물면적	38.64㎡ (11.709평)	배분요구종기	2023-10-10	담당부서	광주전남지역본부
명도책임	매수인	담당자	조세정리1팀	위임기관	순천세무서
부대조건	1. 배분요구 종기까지 배분요구를 하지 않은 최선순위 전세권은 매각으로 소멸되지 않고 매수인이 인수부담하는 조건이며 정확한 점유관계 및 임차인 현황, 대항력유무, 관리비 미납 여부, 물건 개방 여부, 기타 권리관계 등을 사전 확인 후 입찰 참가 바람. 2. 전입세대주 이** 전입일자 2009.08.04. 2023/10/10 을구 3번 전세권				

● 입찰정보 (인터넷입찰)

회차/차수	대금납부(기한)	입찰시작일시 ~ 입찰마감일시	개찰일시	최저가
039/001	일시불 (낙찰금액별 구분)	2024-09-23 14:00 ~ 2024-09-25 17:00	2024-09-26 11:00	16,500,000
040/001	일시불 (낙찰금액별 구분)	2024-09-30 14:00 ~ 2024-10-02 17:00	2024-10-04 11:00	14,850,000
041/001	일시불 (낙찰금액별 구분)	2024-10-07 14:00 ~ 2024-10-08 17:00	2024-10-10 11:00	13,200,000
042/001	일시불 (낙찰금액별 구분)	2024-10-14 14:00 ~ 2024-10-16 17:00	2024-10-17 11:00	11,550,000
043/001	일시불 (낙찰금액별 구분)	2024-10-21 14:00 ~ 2024-10-23 17:00	2024-10-24 11:00	9,900,000
044/001	일시불 (낙찰금액별 구분)	2024-10-28 14:00 ~ 2024-10-30 17:00	2024-10-31 11:00	8,250,000

유형 5: 선순위 임차인의 보증금 액수를 알고 인수하는 경우

입찰가 = 시세 - 인수되는 보증금 - 수익

인수되는 금액을 빼고 입찰하면 된다. 선순위 임차인이 배분에 참여하지 않기 때문에 세금채권의 배분을 계산하지 않아도 된다.

5장

입찰의
기술

01

온비드에서
입찰하기

빌리언

온비드에서 진행하는 공매는 처분하는 재산의 종류가 다양하고, 각 재산별로 물건 검색을 어떻게 해야 하는지 알고 있어야 한다. 온비드에서 공매는 '압류재산 공매'와 '압류재산이 아닌 공매'로 나눌 수 있다. 압류재산 공매는 법원 경매와 같이 등기사항전부증명서에 기재되어 있는 권리들을 소유권이전등기와 함께 모두 말소해준다. 그러나 압류재산 공매가 아닌 다른 공매에서는 권리 말소가 없다. 일반 매매와 같이 처분기관과 직접 매매계약을 체결하는 거래를 하는 것이다.

⊙ 압류재산 공매 입찰하기

물건 검색하기

물건 검색을 할 때는 가장 먼저 온비드를 이용해서 검색하기를 권한다. 온비드에서 변경된 정보가 다른 사이트에 바로 반영이 안 되는 경우가 있기 때문이다. 관심이 있는 물건은 온비드와 기타 사이트에서 항상 크로스체크하는 습관을 들이자.

[5-1] 압류재산 공매 물건 검색하기

부동산 공매의 정석

물건 확인하기

원하는 조건의 물건이 맞는지 물건 정보를 꼼꼼하게 확인한다. 압류 재산 공매 물건에는 '압류재산 공매재산 명세'라는 서류가 제공된다. 법원 경매의 매각물건명세서와 같은 서류다. 해당 서류는 입찰기일 1주일 전부터 입찰 정보 페이지에서 확인할 수 있다.

입찰하기

'입찰하기' 버튼을 클릭하여 개인정보와 입찰금액 등을 입력한 후 '입찰하기'를 클릭하면 된다.

압류재산 공매는 대개 월요일 오전 10시부터 수요일 오후 5시까지 입찰이 가능하다. 개찰은 다음날 오전 11시에 진행한다. 낙찰되면 등록한 휴대전화 번호로 온비드에서 "축하합니다"라는 메시지와 함께 낙찰 소식을 전해준다.

매각허가결정 기다리기

낙찰이 되면 2주 뒤 월요일 오후에 매각이 결정된다. 2주 동안 공매 절차상의 하자는 없었는지 확인하는 것이다. 그 사이 체납자가 세금을 납부했다면 낙찰되었더라도 매각불허가결정이 난다. 매각허가결정 이후에도 체납자가 세금을 납부하면 취하된다. 이때 입찰보증금은 전액 반환받는다. 체납 세금이 상대적으로 소액이라면 체납자는 뒤늦게라도 자금을 마련하여 세금을 납부할 수 있다. 단, 매각허가결정 이후에는 체납 세금을 납부해서 공매 절차를 취소시키려면 낙찰자의 동의를 받아야 한다. 낙찰자는 체납자와 소통하여 동의 여부를 결정한다.

잔금 납부하기

압류재산 공매의 경우 잔금 납부기한은 대개 매각허가결정 이후 30일 이내다. 연장 가능한 기간은 10일 이내다. 경매의 경우에는 대금 지급기한이 지나도 다음 경매기일 3일 전에 지연이자와 함께 잔금을 납부할 수 있다. 하지만 압류재산 공매는 기한 내에 잔금을 납부해야 한다. 잔금 납부를 하지 않았을 경우 몰취한 입찰보증금은 배당금에 합해진다.

소유권이전등기 촉탁 신청하기

잔금을 납부하면 한국자산관리공사에 소유이전등기 촉탁 신청을 할 수 있다. 한국자산관리공사에서 소유권이전에 필요한 서류를 등기소에 제출하여 신속하게 등기가 이루어질 수 있도록 지원하는 제도다.

부동산 공매의 정석

⊙ 압류재산이 아닌 재산 공매 입찰하기

물건 검색하기

물건 검색을 할 때, 압류재산이 아닌 재산을 선택할 수 있다. 처분기

관마다 매각 조건이 다양하기 때문에 각 기관이 어떤 조건으로 매각

하는지 확인하는 것이 필요하다.

[5-2] 압류재산이 아닌 재산의 공매 물건 검색하기

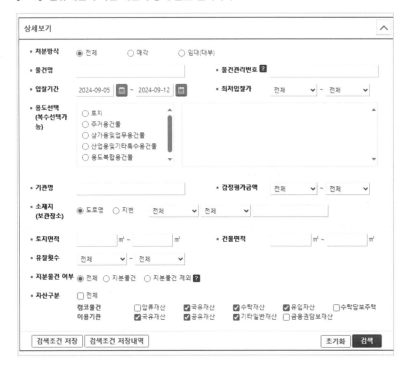

공매 공고문 열람하기

매각 조건을 확인하기 위해서는 처분기관에서 게시한 공고문을 확인하면 된다. 공고문을 확인하는 방법은 두 가지다. 〈5-3〉을 보자. 물건 정보 페이지 우측 상단의 '해당 공고 보기'를 클릭하면 된다. 혹은 입찰 정보 페이지 하단 '첨부파일'에서 다운로드할 수 있다.

[5-3] 기타 재산 공매 공고 열람 방법 1

물건정보	입찰이력		해당공고 보기	해당공고물건 보기

물건관리번호 : 2024-0900-071430   물건상태 : 인터넷입찰진행중   공고일자 : 2024-09-23   조회수 : 662

[주거용건물 / 아파트]
충청북도 청주시 상당구 미원면 미원리 560-14 미원통경아파트

일반공고 매각 인터넷 공유재산 일반경쟁 최고가방식 총액

처분방식 / 자산구분	매각 / 공유재산
용도	아파트
면적	토지 - / 건물 59.9㎡
감정평가금액	63,500,000원
입찰방식	일반경쟁(최고가방식) / 총액
입찰기간 (회차/차수)	2024-09-24 14:00 ~ 2024-10-14 14:00 (1/1)
유찰횟수	0 회
집행기관	충청북도청주교육지원청
담당자정보	재정과 /

[입찰유형]
- □ 전자보증서가능   □ 공동입찰가능
- □ 2회 이상 입찰가능   □ 대리입찰가능
- □ 2인 미만 유찰여부   □ 공유자 여부
- □ 차순위 매수신청가능

최저입찰가(예정금액)   **64,088,500원**

[사진] [360°] [동영상] [지도] [지적도] [위치도] [감정평가서]

관심물건 등록   입찰

공고상세

♠ > 부동산 > 공고 > **공고목록**

공고물건 보기 | 취소물건 보기 | 관심공고 등록

(한국동서발전 동해발전본부) 사택 동해시 대동아파트 2세대

일반공고 | 매각 | 인터넷 | 기타일반재산 | 일반경쟁 | 최고가방식 | 총액

공고종류	일반공고	공고일자	2024-09-23
공고회차	2024년도 1회차	공고번호	202409-37419-00
처분방식	매각	자산구분	기타일반재산
공고기관	한국동서발전(주)동해발전본부	경쟁방식	일반경쟁
담당자정보	총무기획부	▇	070-5000-▇ ▇		

공고문 전문	공고물건 입찰정보

▌ **입찰정보**

입찰구분	인터넷	입찰방식/경쟁방식	일반경쟁(최고가방식)
총액/단가 구분	총액	입찰가공개여부	비공개
참가수수료	-		
참가자격			

전자보증서	공동입찰	대리입찰	동일 물건 입찰	2인 미만 유찰 여부	차순위 매수신청
불가능	불가능	불가능	2회 이상 불가능	미적용	가능

▌ **입찰일시 및 장소**

회차/차수	입찰보증금율	입찰기간	개찰일시	개찰장소
001/001	2.5%	2024-09-23 10:00 ~ 2024-10-07 18:00	2024-10-08 10:00	동해발전본부 관재담당자 PC 온라인 개찰

한국전력공사 남부건설본부 부동산 매각 입찰공고(전자) 제 2024-04호

부동산 매각 전자입찰 공고(재공고 6차)

■ 입찰 관련 주의사항

○ 본 매각대상 재산에 대한 별도의 현장공개는 실시하지 않으나, 현장확인을 희망할 경우 사전에 협의하여 주시기 바랍니다(T.051-240-9347). 입찰참가자는 매각재산의 현장 및 제 공부, 입찰공고사항, 기타 입찰에 필요한 제반사항 등을 철저히 숙지한 후 응찰하시기 바랍니다.

○ 본 물건은 현 상태로 매각하므로 입찰자는 반드시 입찰 전에 물건의 상태 등을 확인하고 입찰에 필요한 사항을 숙지 후 입찰에 참가하시기 바라며, 이를 숙지하지 못한 책임은 입찰자에게 있습니다.

○ 본 물건은 현 상태로 계약됨을 알려드리며 이에 따라 노후화 및 파손에 따른 하자보수, 폐기물처리 등은 매수인의 책임과 부담이므로 낙찰 후 시설물 상태를 사유로 우리 공사에 어떠한 책임도 요구할 수 없습니다.

○ 입찰에 참가한 자는 매각입찰공고와 관련된 제반사항 등을 승낙한 것으로 간주하며 이를 확인(숙지)하지 못하여 발생한 모든 불이익은 낙찰자의 책임으로 합니다.

○ 본 물건은 등기필증이 없으므로 반드시 **법무사를 통하여 등기이전**을 하셔야 합니다.

※ '코오롱하늘채아파트'의 경우 층간소음에 취약한 부분이 있음을 감안하시어 입찰에 참가하시기 바랍니다.

1. 입찰에 부치는 사항

가. 입찰건명 : 한국전력공사 남부건설본부 불용사택 2호 매각

나. 매각 부동산의 표시

구분	소 재 지	공동주택명	동/호수	면적(㎡) 전유	면적(㎡) 대지권	감정평가액(원)
1	부산시 수영구 남천동 151	코오롱 하늘채 아파트		84.97	37.14	829,500,000
2	부산시 연제구 연산동 307-10	한양 아파트		84.26	40.9434	280,000,000

* 감정평가액이 매각예정가격이며, 국민주택 규모(85㎡) 이하 주거용 주택으로 부가가치세 면제대상입니다.

2. 입찰참가 및 개찰

가. 입찰방법 : 일반경쟁 전자입찰(한국자산관리공사 '온비드' 이용)

나. 입찰서 제출 : 2024. 7. 29. (월) 16:00 ~ 2024. 8. 30. (금) 18:00

다. 개 찰 일 시 : 2024. 9. 2. (월) 13:00

라. 개 찰 장 소 : 한전 남부건설본부 경영지원부 입찰 집행담당자 PC

3. 입찰참가자격

가. 한국자산관리공사 '전자자산처분시스템 입찰참가자 준수규칙' 제4조(입찰참가자 자격제한)의 사유에 해당되지 않는 자

나. 온비드에 이용자(회원)등록을 하고 공인인증기관에서 발급받은 인증서로 온비드에 등록을 필한 자

다. 입찰서 제출일 현재 부정당업자가 아닌 자

4. 입찰서의 제출

가. 입찰서의 제출은 반드시 온비드(http://www.onbid.co.kr)의 입찰화면에서 전자입찰서를 온비드로 송신하는 방법으로 하되, 입찰서의 제출시간은 입찰서가 온비드 서버에 접수된 시점을 기준으로 합니다.

나. 입찰서는 전자입찰서 접수마감시간까지 제출하여야 하며 입찰서 제출 후 화면상 응답메세지를 확인하는 등의 방법으로 본인의 입찰서가 이상 없이 제출되었음을 직접 확인하여야 합니다.

  ※ 입찰서 제출여부는 온비드 홈페이지 <나의온비드> - <입찰내역관리> 메뉴를 통해 확인하실 수 있습니다.

다. 전자입찰서 접수개시시간 및 전자입찰서 접수마감시간 등 입찰관련시간은 온비드상의 시간을 기준으로 하며 제출마감시간에 장애가 발생 할 수 있으므로 가능한 마감 1시간 전에는 투찰을 완료하여 주시기 바랍니다.

라. 본 입찰에는 2인 이상의 공동 입찰 참가가 불가능하고, 한번 제출한 입찰서는 이를 변경 또는 취소할 수 없으며, 동일한 입찰자가 2회 이상의 입찰서를 제출할 수 없습니다.

5. 입찰보증금 납부

가. 국가를 당사자로 하는 계약에 관한 법률 시행령 제37조 및 동법 시행규칙 제43조 입찰 보증금은 입찰금액(본인이 낙찰받고자 하는 금액)의 100분의 5이상 금액을 전자입 찰 마감시간까지 온비드에서 지정한 보증금 납부 은행계좌로 전액을 일시에 납부(입

금)하여야 하며, 입찰보증금 납부에 따른 수수료는 입찰자가 부담하여야 합니다.

나. 입찰보증금을 입찰마감시간까지 보증금 납부계좌로 납부하지 아니한 경우 입찰은 무효로 하며, 보증금 납부여부는 입찰자가 온비드 화면에서 직접 확인하여야 하며, 이를 확인하지 아니하여 입찰자가 입은 불이익 등에 대하여는 입찰자 본인이 책임을 부담합니다.

다. 낙찰자 결정 후 낙찰자의 입찰보증금은 당사의 계좌로 이체되며, 유찰자(입찰무효 또는 입찰 취소된 경우 포함)의 입찰보증금은 입찰서 제출시 등록한 환불계좌로 이자 없이 환불되고, 환불시 별도의 수수료가 발생되는 경우 입찰보증금에서 이를 공제합니다.

라. 낙찰자가 정당한 사유 없이 소정의 기한 내에 계약을 체결하지 아니할 때에는 국가를 당사자로 하는 계약에 관한법률 시행령 제**38**조, 동법시행규칙 제**64**조의 규정에 의거 그 낙찰은 무효로 하고 입찰보증금은 당사에 귀속되더, 부정당업자로 입찰참가자격 제한 처분을 받게 됩니다.

6. 입찰의 무효에 관한 사항

국가를 당사자로 하는 계약에 관한법률 시행령 제**39**조 및 동법 시행규칙 제**44**조의 규정에 의하며, 온비드의 회원 약관 및 인터넷 입찰참가자 준수규칙에 위배된 입찰은 무효로 합니다.

7. 입찰의 연기 및 취소

가. 온비드의 장애 또는 공고내용의 중대한 하자나 불가피한 사유로 인하여 예정된 입찰 진행이 어려운 경우 입찰을 연기 또는 취소할 수 있으며, 입찰의 연기 또는 취소의 공고는 온비드(입찰공고·연기공고·취소공고)의 게재에 의합니다

나. 온비드의 장애가 아닌 입찰자의 네트워크 또는 네트워크 서비스업체의 장애, 시스템 장애 등의 사유로 입찰서등이 제출되지 않은 경우에는 입찰에 응하지 않은 것으로 봅니다.

8. 낙찰자 결정방법

가. 유효한 **1**인 이상 입찰로서 예정가격 이상으로 입찰한자 중 최고 가격으로 입찰한자를 낙찰자로 결정합니다.

나. 개찰결과 낙찰이 될 수 있는 동일한 금액의 입찰자가 **2**인 이상일 경우에는 온비드의 무작위 추첨방식(난수발생기에 의한 자동선택기능)에 의하여 낙찰자를 결정합니다. 다만, 온비드의 전산장애등 특별한 사정이 있는 경우 현장에서 별도 추첨 등의

방법으로 낙찰자를 결정할 수 있습니다.

다. 입찰자는 별도로 낙찰자 결정통보를 하지 않으므로 낙찰여부를 온비드의 입찰결과 화면 등을 통하여 직접 확인하여야 합니다.

9. 매매 계약체결 및 대금납부 방법

가. 낙찰자의 입찰보증금은 계약체결시 계약보증금으로 대체 되며 낙찰자는 낙찰일로부터 10일 이내(영업일 기준)에 낙찰금액의 10%를 납부(입금)하고 한국전력공사와 매매계 약을 체결하여야 하며, 이 계약을 해약 한 때에는 동 금액의 매각 대금을 계약 보증 금으로 간주 합니다.(계약구비서류 별도 통보)

나. 낙찰자는 낙찰금액 중 "가"항에 의하여 납부한 금액을 제외한 대금을 계약체결일로부 터 60일 이내에 일시불로 납부(입금)하여야 합니다.

다. 만일 낙찰일로부터 10일 이내에 계약을 체결하지 아니하면 그 낙찰은 무효로 하며, 입찰보증금은 당사에 귀속되며, 계약체결일로부터 60일 이내에 잔금을 납부하지 않을 경우 그 계약은 무효로 하며 계약을 해제하고 계약보증금은 당사에 귀속조치 합니다.

10. 소유권 이전

가. 소유권 이전은 매각대금 완납 후 매수자의 신청에 의거 소유권이전 서류를 교부하되, 소유권 이전에 따른 일체의 비용은 낙찰자가 부담하며 낙찰자 이외의 자에게 소유권 이전은 불가합니다.

나. 낙찰자가 다른 법령이나 행정상 제한 사항에 의한 요건 미비로 발생하게 되는 등기 또는 취득 제한이나 취득 후 재산권 행사에 불이익이 발생 하더라도 당사는 일체의 책임을 지지 않습니다.

11. 기타 유의사항

가. 본 입찰은 한국자산관리공사 전자자산처분 시스템상의 전자입찰로만 진행되므로 입찰관련 법령 및 입찰공고조건, 인터넷 입찰참가자준수규칙 등 본 입찰과 관련된 모든 물건정보를 사전에 충분히 숙지하고 입찰에 참가 하여야 하며 이를 숙지하지 못한 책임은 입찰 참가자에게 있습니다.

나. 매각재산의 지적은 토지대장등본 및 건축물관리대장에 표시된 면적으로 하며, 재산은 현 상태로 매각하고, 권리관계, 노후화·파손에 따른 하자보수, 공부와 실제사항 불일치 및 행정상의 규제 관련법규의 제한사항 등의 사유로 인한 일체의 하자는 한전 남부건설

본부에서 책임을 지지 않으며, 이로 인한 불이익은 입찰자의 책임으로 하니 사전에 현장을 답사하고 각종 공부를 열람한 후 입찰 참가하시기 바라며, 입찰자는 매각재산의 권리관계, 제반사항을 확인 및 열람한 것으로 간주합니다.

다. 매각재산의 소유권 이전은 매각대금을 완납한 후에야 가능하며, 본 재산의 명도에 필요한 비용과 제 수속은 낙찰자가 부담하여야 합니다. 또한 매각목적물로 표시되지 않은 물건(쓰레기, 폐기물 등 포함)에 대한 철거 및 수거 등의 비용은 낙찰자가 부담하여야 하며, 낙찰자 이외의 자에게 소유권 이전은 불가합니다.

라. 이 공고문에 명시되지 아니한 사항은 "국가를 당사자로 하는 계약에 관한 법률"과 당사에서 정하는 바에 의합니다.

12. 기타 문의 및 정보제공처

가. 전자입찰 이용안내 : 한국자산관리공사 자산처분시스템(온비드)

나. 입찰공고 및 집행에 관한 사항 : 한전 남부건설본부 경영지원부 051-240-

다. 매각 물건 관리에 관한 사항 : 한전 남부건설본부 경영지원부 051-240-

2024. 7. 29.

한국전력공사 남부건설본부장

부동산 공매의 정석

입찰하기

압류재산 공매의 경우와 마찬가지로 '입찰하기' 버튼을 클릭하여 개인정보와 입찰금액 등을 입력한 후 '입찰하기'를 클릭한다. 낙찰되면 회원 가입 시 입력한 휴대전화로 "축하합니다"라는 메시지와 함께 낙찰 소식을 전해준다.

매매계약하기

압류재산과 다르게 반드시 기한 내에 처분기관과 매매계약서를 작성해야 한다. 일반 매매계약이기 때문에 계약서를 작성한 후에는 30일 이내에 부동산거래신고를 해야 한다.

잔금 납부하기

잔금 납부기한은 30일에서 60일까지 다양하다. 기관에 따라서는 3개월 이상을 주기도 하기 때문에 공고문을 통해 확인해야 한다.

소유권이전등기

잔금 납부 후에는 소유권이전등기를 위해서 필요한 서류를 매도자로부터 수령하고, 매수자가 구비해야 하는 서류와 함께 등기소에 제출하면 된다. 대출을 실행한다면 대출 담당 법무사에게 소유권이전등기를 맡기는 것이 보통이다.

온비드
100배 활용하기

공매의 최대 장점은 PC와 스마트폰으로 온라인 입찰을 한다는 것이다. 경매 법정에 가기 위해 사용하는 연차와 교통비 등의 비용과 시간, 에너지를 생각한다면 공매는 참으로 실용적이고 편리하다.

여기에 온비드를 잘 사용할 줄 알면 투자가 훨씬 쉬워진다. 메인 화면에서 모든 경·공매 사이트로 접속이 가능하며, '온비드 활용 후기'에서는 온비드를 이용한 실제 낙찰 후기를 확인할 수 있다(5-6). 다른 사람들은 어떻게 온비드를 이용하는지 읽다 보면 뜻밖의 좋은 팁을 얻을 수 있다.

또한 동산과 부동산의 매매 및 임대 물건을 확인할 수 있으며 '입찰/이용 안내'에서는 공매와 관계된 법령 및 규정을 확인할 수 있다. 다양한 이벤트와 무료 특강이 열리기 때문에 '홍보마당'에서 도움이

부동산 공매의 정석

[5-6] 온비드 메인 화면

<table>
<tr><td colspan="7" align="right">로그인 | 회원가입 | 나의온비드 | 고객센터 | 홍보마당   이용기(관전용페이지)</td></tr>
</table>

온비드	부동산	동산/기타자산	정부재산정보공개	입찰/이용안내	사회공헌장터	온비드소개

부동산	동산/기타자산	정부재산정보공개	입찰/이용안내	사회공헌장터	온비드소개
부동산 HOME	동산/기타자산 HOME	정부재산조회	이용설명서	온비드 온스토어	CEO인사말
물건	물건	국유일반재산안내	공동인증서 등록안내	나눔대청	운영목적
공고	공고	공유일반재산안내	입찰참가안내		연혁
테마물건	테마물건	총전부동산안내	법령 및 규정		수상경력
입찰결과	입찰결과	캠코경매물건	낙찰 후 절차안내		제공서비스
			인터넷동가신청		사회공헌활동
			자료실		찾아오시는 길

홍보마당	고객센터	나의온비드	회원서비스
정보마당	공지사항	나의온비드 메인	로그인
온비드 카드뉴스	자주묻는질문(FAQ)	나의정보관리	회원가입
온비드 소식지	1:1문의	공동인증서관리	아이디/비밀번호찾기
온비드 활동후기	제안하기	입찰관리	회원가입상태조회
	신고센터	전자계약관리	온라인서류제출
	이용설명회	온비드스케줄	가입신청서재출력
	사이트이용안내	관심리스트	
		맞춤서비스	
		나의문의내역	
		온비드 활동후기	

되는 소식도 확인해보자.

입찰과 낙찰 이후의 안내사항, 매각허가결정 안내문과 잔금 납부 영수증 등을 모두 온비드에서 다운로드할 수 있다. 매각허가결정 안내문은 잔금 납부 시에 대출을 실행하기 위해 금융기관에서 요구하는 서류다. 취득세신고 때도 필요하다. 따라서 온비드 사이트 사용에 익숙해질 필요가 있다.

온비드를 최대한 활용할 수 있다면 공매 투자가 훨씬 쉬워지고, 이는 수익 증가로 이어질 가능성을 높여준다.

[5-7] 인증서의 종류 및 수수료

인증서구분		이용범위	수수료(부가세포함)
개인	온비드전용	온비드에서만 이용가능 (실시간계좌이체/전자상거래 등 불가)	1,100원 / 1년
	전자거래범용	공동인증서 활용한 모든 거래에서 사용가능 (인터넷뱅킹, 온라인카드결제, 온라인주식거래, 전자민원 등)	4,400원 / 1년
	간편인증	온비드 서비스에 한함 (인증서로그인, 입찰(전자서명), 단, 전자계약은 네이버인증만 사용가능)	무료
사업자/ 기업/법인	온비드전용	온비드에서만 이용가능 (실시간계좌이체/전자상거래 등 불가)	11,000원 / 1년
	전자거래범용	공동인증서 활용한 모든 거래에서 사용가능 (인터넷입찰, 인터넷뱅킹, 온라인카드결제, 온라인주식거래, 전자민원 등)	88,000원 / 1년

⊙ 무료 네이버인증서 등록하기

온비드를 이용하려면 회원 가입에 더해 공동인증서 등록이 필수다. 인증서를 등록하지 않으면 입찰을 할 수 없다. 여러 가지 인증서에 대해 상세하게 안내되어 있는데(5-7) 개인은 무료인 네이버인증서 등록만으로 모든 물건 검색과 입찰이 가능하다. 다른 사이트에서 이용 가능한 전자거래범용인증서도 온비드에서 유료로 신청하여 등록할 수 있다.

⊙ 나만의 기준으로 물건 검색하기

공매 투자에서 가장 많은 시간과 노력이 들어가는 부분이 물건을 찾는 과정이다. 공매 진행 중인 물건 4,000~6,000개를 모두 찾아볼 수 없으니 나만의 선택 기준을 가지고 접근한다. 공시가격 1억 원 이하, 시세 얼마 이하, 수도권 소재, 수요 풍부 등 기준을 세우고 입찰할 물건을 찾아내면 된다.

03

공매 입찰 시
주의사항

⊙ 재산의 종류를 구분한다

공매 물건을 검색할 때는 재산 구분이 우선이다. 압류재산 공매로 낙찰받아 소유권을 취득하면, 배분 요구를 한 채권자의 권리는 대부분 말소된다. 반면 압류재산 이외의 재산은 권리 말소가 없다. 매도자 혹은 채권자가 권리를 말소해주는 조건이 아니라면, 기존에 설정된 등기사항전부증명서상의 권리를 인수하게 된다. 이처럼 공매 재산의 종류에 따라 어떤 특징이 있는지 구분할 줄 알아야 한다.

◎ 정확한 잔금납부일을 확인한다

입찰보증금을 송금한 후 잔금일이 언제인지 확인하는 것은 매우 중요하다. 납부일에 맞추어 납부하지 못하면 입찰보증금이 몰취될 수 있다. 온비드를 이용해서 보유재산을 처분하는 기관은 다양하며, 잔금 납부기한 또한 매각 물건마다 다르다. 압류재산의 잔금 납부기한은 대개 매각허가결정 이후 30일 이내지만, 각 물건의 공고문을 보고 정확한 잔금 납부일을 확인해야 한다.

◎ 재산별로 다른 유찰주기를 확인한다

유찰되는 주기 또한 재산의 종류별로 다르다. 압류재산 공매는 1주에 1회씩 유찰되는데, 그 주의 월요일 오전 10시부터 수요일 오후 5시까지 입찰이 가능하다. 개찰은 다음 날인 목요일 오전에 이루어진다. 매각결정일은 개찰일로부터 11일 뒤다. 국유재산도 1주일에 1회씩 유찰된다.

신탁재산의 유찰주기는 천차만별이다. 1주일에 1회씩 유찰되기도 하고, 2~3일에 1회씩 유찰되기도 하며, 당일에 2회 유찰이 되기도 한다. 유찰주기가 짧기 때문에 신탁재산 공매는 물건 검색을 자주 하지 않으면 알찬 물건을 놓치기 쉽다. 재산별로 다른 유찰주기를 사전에 확인하고, 언제 원하는 금액대에 입찰할 수 있는지 파악해두는 것은 물건 검색의 필수사항이다.

지금까지 언급한 주의사항은 여러 번 강조해도 지나치지 않고 놓쳐서는 안 될 기본 중의 기본이다.

⊙ 공고문을 확인한다

압류재산 공매가 아닌 경우는 온비드에서 대부분 공고문을 기재한다. 공고문에 해당 물건의 입찰 및 취득과 관련해 중요한 사항이 나온다. 온비드에서 바로 열람할 수 있는 물건이 있고, 첨부된 공고문을 다운로드해야 하는 경우도 있다.

⊙ 대지권이 있는지 확인한다

주택의 경우 건물과 함께 토지도 매각하는 것인지 꼭 확인해야 한다. 압류재산 공매의 경우 대지면적이 표시되어 있지 않다면 건물만 매각하는 것이다. 그런데 신탁재산 공매의 경우 대지권이 존재하는 집합건물임에도 대지면적이 표시되지 않는 경우가 있다. 대지면적이 없는 것으로 고지되었지만 실제로는 있는 경우 문제가 없는 물건이다.

◎ 조세채권의 법정기일을 확인한다

대한민국 국민은 헌법에 따라 납세의 의무를 지는 만큼 세금을 제때 내지 않으면 징수기관이 납세를 독촉한다. 독촉 이후에도 납부가 되지 않으면 체납자가 보유한 부동산의 등기사항전부증명서에 압류 설정을 한다. 이처럼 징수기관은 조세채권을 갖게 된다.

압류등기를 하고 독촉을 했음에도 세금을 납부하지 않으면 체납자의 재산을 처분하여 세금을 징수한다. 압류재산 공매가 진행되면 등기사항전부증명서의 처분 의뢰기관 압류등기 아래에 부기등기로 공매 공고가 등기된다. 〈5-8〉의 사건은 순위번호 19번의 2022년 11월 16일 국세 압류로 인해 공매 공고가 되었다. 순위번호 19-1은 19번 압류등기의 새로운 사항이다. 부기등기로 표시하고, 권리의 순위는 변함이 없다. 경매에서 경매개시결정이 등기되는 것처럼 압류재산 공매도 등기가 된다. 조세채권은 등기사항전부증명서에 먼저 설정된 저당권과 담보물권을 제외하면 다른 채권보다 우선하여 배분된다.

주의할 점은 조세채권 압류등기설정일과 법정기일의 차이다. 법정기일은 채권이 법적으로 발생한 시점이다. 즉 배분 순위가 부여되는 날짜다. 그리고 세금마다 법정기일이 다르다. 취득세는 신고일이 법정기일이다. 신고일과 납부기한은 다르다. 이 점 때문에 국세와 지방세 완납증명원을 확인하고 전세계약을 체결했음에도 임차인이 면

[5-8] 공매 부기등기의 예

[집합건물] 대전광역시 중구 대흥동 103-2외 2필지 푸르내아파트 ▇▇▇▇▇

순위번호	등 기 목 적	접 수	등 기 원 인	권리자 및 기타사항
13	12번압류등기말소	2018년8월24일 제37823호	2018년8월24일 해제	
~~14~~	~~압류~~	~~2019년5월7일 제21497호~~	~~2019년5월7일 압류(세무과-94 08)~~	~~권리자 중구(대전광역시) 2512~~
15	14번압류등기말소	2019년5월31일 제25621호	2019년5월31일 해제	
~~16~~	~~압류~~	~~2020년4월22일 제26163호~~	~~2020년4월22일 압류(체납징세 과-티19002)~~	~~권리자 국 처분청 대전세무서장~~
17	16번압류등기말소	2021년3월5일 제10186호	2021년3월4일 해제	
18	압류	2022년9월7일 제33700호	2022년9월7일 압류(징수부-40 65)	권리자 국민건강보험공단 111471-0008863 강원도 원주시 건강로 32(반곡동, 국민건강보험공단) (시흥지사)
19	압류	2022년11월16일 제85267호	2022년11월15일 압류(체납징세 과-티92853)	권리자 국 처분청 시흥세무서장
19-1	공매공고	2024년6월20일 제75843호	2024년6월19일 공매공고(한국 자산관리공사 2023-03179-001)	
20	압류	2023년4월10일 제45485호	2023년4월10일 압류(세원관리 과-2992)	권리자 중구(대전광역시) 2512
21	압류	2023년12월27일 제168462호	2023년12월27일 압류(징수과-30 125)	권리자 시흥시 3125

저 배분을 받지 못하는 경우가 발생하는 것이다. 신고 이후 납부하는 그 사이에 임차인의 우선변제권이 설정된 경우 국세가 미납으로 잡히지 않으나 권리는 빠르기 때문이다.

압류재산 공매 입찰자는 공매재산명세를 통해 각 세금의 법정기일을 확인할 수 있다. 이를 보고 법정기일과 확정일자부 대항력이 있는 임차인의 배분 순위를 비교하여 임차인의 보증금 인수 여부를 확인할 수 있어야 한다.

조세채권은 선순위 임차인이 배분 요구를 한 경우에만 문제가 된다는 점을 명심해야 한다. 선순위 임차인이라도 배분 요구를 하지 않았거나 소유자가 점유하고 있는 경우, 후순위 임차인에서는 세금이 문제가 되지 않는다.

온라인에서 시세를 조사하는 방법

나땅

⊙ 전세 낀 물건이 더 저렴한 이유

임장 전에는 온라인에서 최대한 많은 정보를 얻어내야 현장에서 확인해야 할 것들을 놓치지 않을 수 있다. 온라인으로 미래의 가격에 결정적인 영향을 미치는 지역 호재, 교통 호재, 수요, 공급, 재건축·재개발 여부 등을 알아볼 수 있다. 다양한 부동산 정보 사이트 중 호가는 네이버페이부동산에서 조사할 수 있고, 수요와 공급은 부동산지인, 재건축·재개발은 아파트실거래가(아실)에서 검색이 용이하다. 교통 호재는 아실과 호갱노노의 '개발 호재' 기능으로 확인하면 클릭 한 번으로 여러 가지 호재를 확인할 수 있다.

대단지 아파트는 단지 안에서도 전망이나 학교 배정, 지하철역과의 거리, 선호되는 평형에 따라 가격 차이가 꽤 있다. 또 임대가 끼어 있어서 임차인의 계약기간이 남아 있는 물건은 호가가 낮은 편이다. 아파트를 사는 사람은 실거주나 투자가 목적인데 실거주 목적이 훨씬 많다. 실거주가 목적인 경우는 가격과 원하는 조건뿐만 아니라 입주 날짜도 맞아야 한다. 한편 투자자는 투자금이 적게 들어가야 한다. 가장 호가가 낮은 물건은 매도자의 사정이 급하거나, 임차인의 전세보증금이 낮아 투자금은 많으면서 입주도 못하는 애매한 물건이다.

부동산은 같은 조건이라도 투자금이 많이 들어가는 것은 가격이 싸다. 사람들은 같은 물건을 적은 돈으로 사는 것을 좋아하기 때문이다. 가령 A아파트의 가격은 1억 원이고 전세 5,000만 원에 임차가 맞춰져 있다. A아파트에 투자하려면 5,000만 원이 필요하고 전세계약도 기간이 많이 남았다. 그런데 같은 조건의 B아파트는 1억 1,000만 원이고 입주가 가능하다. 실거주할 사람에게 A아파트는 그림의 떡이다. 1,000만 원이 더 비싸도 입주가 가능한 B아파트가 거래되는 것이다. 이런 면에서, 공매는 명도를 하기 때문에 입주할 수 있는 물건과 시세를 비교해야 한다.

정확한 시세를 잡아내지 못하고 너무 낮은 금액으로 접근하면 여러 번 패찰하게 될 것이다. 패찰을 너무 많이 하면 전투력이 꺾이고 의욕이 사라진다.

⊙ 네이버페이부동산에서 시세 조사하기

네이버페이부동산에서 '매매' '가격순' '동일 매물 묶기'로 우선 정렬을 한다. 근처 아파트를 보면 같은 면적이라도 다양한 평형이 있다. 79A는 전용면적이 $59.98\,m^2$이고 80B는 전용면적이 $59.96\,m^2$이다. 공매에서 건물면적은 전용면적이다. 근소한 차이이지만 이에 따라 평형이 다르고 선호도가 다르고 시세도 다를 수 있다. 이는 '단지 정보'의 '단지 내 면적별 정보'에서 확인할 수 있다. 면적이 같아도 타입에 따라 2베이와 3베이로 나뉘고, 3베이가 거실과 방 2개가 남향이라 더 선호된다.

동호수별 공시가격도 부동산공시가격 알리미에 따로 접속하지 않고 네이버페이부동산에서 확인할 수 있다. 같은 아파트에서도 저층

[5-9] 네이버페이부동산에서 확인할 수 있는 아파트의 구조

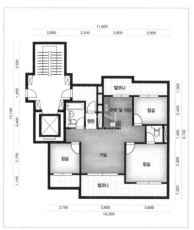

과 중층의 공시가격이 다르다. 실거래가도 네이버페이부동산에서 확인이 가능한데 실거래가와 호가의 차이가 크면 보수적으로 낮은 가격을 기준으로 한다. 실거래 중 지인 간 직거래인 경우는 현저하게 가격이 낮게 표시되기 때문에 시세 조사에 혼선을 줄 수 있으니 주의한다.

◎ 부동산지인에서 시세 조사하기

공급이 많으면 매매가가 떨어질 것이라는 전망은 100% 맞지 않지만 전세가는 분명히 떨어진다. 전세로 투자할 계획이라면 주변 입주량과 2년 뒤의 입주량이 중요하다. 부동산지인에서 수요 입주를 보면 2023년 이후로 인구 대비 공급이 적정 수준 이하인 것을 알 수 있다. 서로 인구를 주고받는 지역들은 연계 지역 전체를 놓고도 공급이 많은지 확인해야 한다.

만일 매물이 없다면 해당 단지의 다른 평형이나 비슷한 조건의 주변 아파트 평단가를 보고 추정해야 한다. 경험상 200세대 이하 아파트는 거래가 드문드문하여 과거 시세가 들쭉날쭉하다. 어떤 지역의 가격대를 볼 때는 항상 평단가를 놓고 보는 것이 좋다. 당연히 평수가 넓으면 가격이 높지만, 같은 아파트라도 작은 평수가 큰 평수보다 평단가가 높다.

[5-10] 부동산지인에서 알아보는 수요와 공급

　　부동산중개소에서 시세라고 이야기하는 것만이 시세가 아니다. 부동산중개소에서는 소유자들이 매도해달라는 호가를 이야기한다. 호가가 그 물건의 가치와 일치하는지 확인하는 것은 투자자의 몫이다. 감정평가금액도 시세가 아니다. 부동산은 우열을 비교하여 가격이 형성된다. 참고할 만한 시세가 없다면 주변 아파트나 다른 평형 시세 등으로 추정할 수 있어야 한다.

현장에
답이 있다

부동산은 여러 가지 재료를 이용해서 만드는 물건이기 때문에 시간이 지나면서 재료의 부식과 파손 등으로 인해 이용가치가 낮아질 수 있다. 특히 체납자가 장기간 점유한 주택이라면 내부 수리가 필요하다. 주택의 상태는 사용승인을 받은 시점을 확인하고 등기사항전부증명서등본을 떼어 어느 정도 예측할 수 있다. 그런데 윗집, 아랫집에서 누수가 발생하고 있거나 인근에 소재한 공장의 분진 문제로 주민들이 고통받는 상황 등은 현장에 가봐야 확인이 가능하다.

　내가 사용할 부동산이라는 생각으로 이용상의 문제가 없는지 미리 꼼꼼히 확인하는 것은 기본이다. 피할 수 있었던 하자를 운에 맡길 필요는 없는 것이다. '낙찰이 될지 안 될지도 모르는데 힘들게 현장 조사를 해야 하나?' 하는 생각이 들 수도 있겠지만, 수익이 적을

수록 작은 실수로도 손해가 날수 있기 때문에 확인할 수 있는 것은 모두 확인하는 노력이 필요하다.

우선 공매 물건 인근의 부동산중개소를 통해서 수요를 조사하고 해당 물건의 특이사항 등을 확인할 수 있다. 같은 지역이라도 부동산 중개소마다 의견이 다를 수 있으므로 중개사의 견해라는 것을 참고한다. 인터넷이 아무리 발달되었다고는 하지만 현장에서만 알 수 있는 정보가 있다는 점을 명심해야 한다.

◉ 내부를 볼 수 있는 국유재산 및 공유재산 공매

국유재산과 공유재산 공매 물건은 특정 날짜를 정해서 내부를 보여주기도 한다. 경매와 압류재산 공매에서 가장 큰 리스크가 물건 내부를 확인하지 못하고 소유권을 취득한다는 점이다. 내부가 불에 타서 전소했을 수도 있고, 전혀 예상치 못한 하자가 있을 수도 있다. 그런데 국유재산과 공유재산 공매에서는 물건 내부를 볼 수도 있기 때문에 안심하고 입찰할 수 있다. 물건을 검색할 때 제공되는 사진으로도 공실임을 알 수 있는 데다 간혹 내부 영상을 첨부해주기도 한다. 국유재산과 공유재산 주택은 명도가 필요 없고, 소유권을 취득하는 즉시 매도하거나 임대를 놓을 수 있는 장점이 있다. 이로 인해 다른 재산 공매에 비해 경쟁률이 높은 편이다.

⊙ 현장 조사 없이는 몰랐을 일들

경기도 김포시 대곶면에 소재한 빌라 2채가 신탁재산 공매 물건으로 나온 적이 있다. 두 물건의 감정평가금액 합계는 3억 원이 넘는데, 각 물건의 최저입찰가는 1억 원 내외였다. 날을 잡아서 현장 조사를 하기로 했다. 전입세대확인서에는 전입세대주가 없었기에 아무도 점유하고 있지 않으리라 기대하고 임장을 했다. 일터로 나가지 않는 사람이라면 거의 집에 있는 오전 10시 전후나 일터에 나가는 사람이라면 집에 돌아와 있을 저녁에 가는 것이 좋다. 저녁에는 전등을 켜기 때문에 점유자가 있는지 쉽게 알 수 있다.

해가 진 저녁에 대곶면 빌라를 찾아갔다. 첫 물건은 전면동에 5층이었는데 현관 앞으로 갔을 때 이미 인기척이 느껴졌다. 벨을 누르자 점유자가 문을 열어주었다. 방문 목적을 말씀드리고 임대차계약을 체결하고 점유하고 있는지 여쭈었다. 그러자 빌라를 건축한 토지주에게 돈을 빌려주었는데, 빌라 완공 후에도 받지 못해서 1개 호실을 점유하고 있다는 답이 돌아왔다. 점유자는 해당 세대를 토지주에게 받을 수 있는 것으로 알고 있었다. 게다가 임대차계약을 체결하지 않아 임차인에게 변제할 보증금은 없는 상황이었다. 점유자로서는 억울한 상황이라 명도가 쉽지 않을 터였다. 소송으로 가게 된다면 장기간 보유하게 될 가능성이 있었다.

두 번째 빌라는 후면동 2층이었다. 현관 앞에 서자 아이들 소리로 활기가 가득했다. 벨을 누르니 외국인 남성이 문을 열어주었다. 보증금 2,000만 원, 월 40만 원에 살고 있는 외국인 가족이었다. 신탁회사의 동의 없이 위탁자와 임대차계약을 체결한 것이다. 부동산을 맡긴 사람을 위탁자라 하고, 맡고 있는 신탁회사를 수탁자라 한다. 신탁되어 있는 경우 실제 소유자는 위탁자지만 등기사항전부증명서상 소유자인 신탁회사와 계약을 해야 임차인이 보호를 받는다. 등기사항전부증명서상 소유자가 아닌 위탁자와의 계약하면 정당한 계약이 아니기 때문에 보호받지 못한다.

이 물건 역시 낙찰자가 인수하는 금액은 없지만 보증금을 돌려받지 못했을 때 임차인이 순순히 이사를 갈 수는 없을 것이다. 상황을 설명드리고, 위탁자로부터 보증금을 돌려받을 수 있는지 확인이 필요하다고 말씀을 드리고 나왔다. 두 물건 모두 내부가 깔끔하고 수리할 곳은 크게 없었다. 하지만 점유자가 전 소유자에 대해 채권을 가진 임차인이기 때문에 둘 다 명도에 어려움이 있을 것으로 예상되었다. 이처럼 현장 조사를 통해 투자기간이 어느 정도 소요될지 예측하고 입찰 여부를 결정하는 과정이 필요하다. 그렇게 입찰을 고민하던 중 서울의 빌라 물건을 찾게 되어 김포 물건 입찰은 미뤄두었다.

현장 조사의 기술

나땅

◎ 얼굴도 안 보고 결혼을 하면?

압류재산 공매는 경매가 그렇듯이 내부를 확인하기 어렵지만, 공유 재산 공매 같은 경우는 특정 시간에 내부를 공개하여 물건의 상태를 확인하고 입찰할 수 있도록 하기도 한다. 〈5-11〉은 공유재산으로, 송파구청에서 어린이집 운영을 위해 2016년 매입한 잠실 3차 한양 아파트다. 그러나 위층 세대의 동의를 받지 못하여 결국 매각하게 되었다(자세한 내용은 행꿈사TV 참조).

이 물건은 소유자(송파구청)의 의사에 의해 매각하는 것이기 때문에 내부를 확인할 수 있었다. 담당자와 함께 방문해보니 싱크대가 매우 낡았고 발코니 천장은 페인트가 들떠 있었다. 공유재산 공매는 내

부를 확인할 수 있도록 하고 현 시설 그대로 매각하는 조건이다. 쉽게 말해 천장 페인트가 들떴다는 이유로 매각을 취소하기 어렵다.

누수는 원인도 다양하고 전문가도 원인을 찾기가 어려운 경우가 많다. 골치 아픈 일 중 하나다. 누수는 수리비도 많이 들고 원인을 잡기가 어려워서 난감하다. 화장실 쪽 천장이 새거나 비가 오는 날 발코니 근처에 누수가 있다면 배관에 문제가 있거나 섀시와 콘크리트 사이의 코킹이 수명을 다해 틈이 생겼을 가능성이 매우 크다. 코킹은 비교적 간단하고 비용도 많이 들지 않아 가장 먼저 의심해볼 수 있다.

입찰 전 현장을 가보는 것은 당연한 일이지만 입찰기일이 촉박하여 미리 시간을 내지 못할 수도 있고, 지도만 확인하고 괜찮을 거라고 생각할 수도 있다. 하지만 온라인상으로는 확인하지 못하는 것들이 있다.

지난해 제주도에 타운하우스 물건이 나와 임장을 했다. 지도상으로 큰 문제는 없었으나 바람도 쐴 겸 비행기에 올랐다. 제주 시내에서 멀지 않은 지역이었는데 주변에 편의시설은 부족하지만 조용하고 괜찮아 보였다. 그런데 안쪽으로 들어가니 집 옆으로 철조망이 보이는 게 아닌가.

철조망에는 제주교도소장의 경고 문구가 붙어 있었다. 출입을 엄금한다는 내용이었다. 그렇다. 교도소 담장이었다. 물론 완충지역이 있었지만 자기 집 거실로 교도소 철조망이 보여도 괜찮을 사람은 얼마 없을 것이다. 온라인 지도상에는 국가 중요시설이나 군사시설과 같은 일부 시설들은 표시가 되지 않는다. 항공 뷰에서도 숲이나 다른 이미지로 가려놓는다.

고가도로나 지상철, 주변에 무덤이나 축사가 있는 경우도 있다. 온라인으로는 소음과 냄새, 주변 환경을 확인하기 어렵다. 고가도로나 지상철이 있으면 가까워 보이는 지역도 단절되고, 도로 아래쪽은 그늘이 져서 어둡고 습한 느낌이 들기도 한다. 몇 억 원짜리 물건을 보지도 않고 사는 것은 말도 되지 않는다. 채팅으로 연애하다가 만나보지도 않고 결혼하는 것과 마찬가지 아닌가.

꼭 낙찰되고 나서야 현장에 가는 분들이 있다. 수강생 중에도 하지 말라는 건 다 하는 어르신이 계셨다.

"현장도 가보고 시세 조사도 해보셨어요?"

"안 가봤어요."

"왜요?"

"잘 아는 동네라서요."

"그런데 왜 잔금을 안 내셨어요?"

"가보니 못쓰겠더라고요."

"네?"

제발, 얼굴은 보고 결혼하도록 하자.

현장에 가서 미납 관리비가 있는지 확인하고 공용부분 관리비도 체크하자. 공용부분의 연체이자와 장기수선충당금은 낙찰자에게 인수되지 않는다. 관리사무소 방문이 어렵다면 전화로 확인할 수도 있다. 장기간 공실이었거나 대형 상가처럼 전용면적이 넓으면 미납 관리비만 수천만 원에서 억대까지 되는 경우도 있다. 관리비채권은 3년

나땅의 쏠쏠 정보

전화로 아파트 미납 관리비 확인하는 방법

1. K-apt 공동주택관리정보시스템에 접속한다.
2. '단지 정보'를 클릭한다.
3. '우리 단지 기본 정보' 탭에 들어간다.
4. 주소를 검색해서 관리사무소 전화번호를 찾는다.
5. 관리사무소에 전화로 문의한다.

이 지나면 소멸되기 때문에 청구할 수가 없다. 그래서 일 잘하는 관리사무소에서는 관리비채권 가압류를 해놓는다. 등기사항전부증명서에 가압류를 해놓으면 소멸시효가 중단되니 이 점도 꼭 기억하자.

미납 관리비는 관리사무소에서 잘 알려준다. 낙찰자에게 받으려고 기다리고 있기 때문이다.

◉ 물건 먼저 확인하고 시세 조사를

상가의 경우 지도상으로는 대로변에 있어서 좋아 보였는데, 막상 가보면 상가 앞이 출입구 없는 아파트 담벼락이든지 완충녹지가 있어서 사실상 안으로 들어가 있는 경우가 있다. 이 경우 가시성이 나쁘다. 또 구분상가 여럿을 터서 한 공간으로 사용하는 경우 정확히 어느 부분을 낙찰받는지 도면을 잘 봐야 한다. 아파트와 달리 상가는 몇 호인지 표시를 잘 하지 않는 데다, 어디를 낙찰받는지 확인하기 어렵다.

상기된 얼굴로 한 수강생이 찾아오신 적이 있다.

"선생님, 이 상가가 1층인데 많이 유찰됐어요. 혹시 문제가 있는 걸까요?"

물건에는 문제가 없었다. 동선도 좋고 신축이라 건물도 깨끗했다. 문제는 수강생이 어느 부분을 낙찰받는지 오해를 했다는 데 있었다.

'먹통상가'라는 것이 있다. 바깥에서는 보이지 않고 안에 들어가야 보이는 상가다. 오래된 상가의 세탁소나 수선집, 떡집이 대표적인 예다. 상가로서 가치가 떨어지는 물건이다.

공매 사건에서는 사진 몇 장을 보여준다. 그렇다 보니 우리는 보이는 것만으로 판단을 하게 된다. 감정평가사가 건물 전체와 해당 호수를 찍었는데, 그 사진을 보고 우리 수강생은 1층 전면의 카페와 편의점이 있는 상가로 착각한 것이었다. 상가는 도면을 꼼꼼하게 확인하여 위치를 파악해야 한다. 옆 호와 터서 사용하는데 일부만 낙찰받을 경우 대출이 어렵다. 벽을 세워서 구분한 상가여야 대출이 원활하다.

현장에 나가 물건의 상태를 확인하고, 그다음에 시세를 조사해야 한다. 시세 조사는 온라인으로도 하고 직접 방문해서도 하는 것이다. 공매 물건이 유찰되면 많은 이들이 방문해서 시세를 물어보기 때문에 공인중개사도 공매로 나왔는지 아는 경우가 많다.

시세 조사의 기본은 매도자의 호가와 실거래가, 급매가를 모두 확인하는 것이다. 꼭 현장에 방문해야 하는 이유는 네이버페이부동산에는 올리지 말아달라고 부탁받은 급매물이 있는지 확인하기 위해서다. 자신의 급매가격 때문에 다른 물건의 호가가 내려가는 것을 의식해서 그런 부탁을 하는 매도자들이 있다. 그리고 공매 낙찰가는 급매가격의 영향을 가장 많이 받는다.

부동산 공매의 정석

[5-12] 임장의 필수품, 현장 조사 체크리스트

(타경) 물건 종류: 입찰기일: 주소:		
목록	세부사항	확인
1. 점유자/전입 확인	공매재산명세	□
	현황조사서	□
	선순위 임차인 여부	있음□ 없음□
2. 시세 조사	온라인 매물	1. 매매□
		2. 전세□
		3. 월세□
	현장 방문	1. 매매□
		2. 전세□
		3. 월세□
	임대 낀 매물 시세	매매가 _____ 만 원, 전세가 _____ 만 원
3. 현장 조사	매물량/세대수	5% 이상□ 5% 미만□
	수요자 비율	투자자□ 실수요자□
	거래 회전율	(건/1년) (거래건수/세대수)
	개발 호재	일자리□ 교통□ 재개발□ 재건축□
4. 물건 상태	건물 연식	5년□ 10년□ 20년□ 30년□
	건물관리 상태	좋음□ 보통□ 나쁨□
	향	남향□ 남동향□ 남서향□ 동향□ 서향□
	채광	좋음□ 보통□ 나쁨□
	습기	좋음□ 보통□ 나쁨□
	내부 수리 여부	좋음□ 보통□ 나쁨□
	예상 수리비	불필요□ 부분 수리□ 전체 수리□
	관리비	_____ 만 원 /1개월
	주변 소음	좋음□ 보통□ 나쁨□
	동, 호수 선호도	좋음□ 보통□ 나쁨□
	미납 관리비	_____ 만 원(개월 연체 중)
	주차대수	_____ 대/1세대당
	평형 선호도	좋음□ 보통□ 나쁨□
	내부 상태	좋음□ 보통□ 나쁨□
	점유자 거주 여부	거주 중□ 거주자 없음□
	점유 권한	소유자□ 임차인□ 그 외□
5. 주변 인프라	역과의 거리	800m 이내□ 800m 이상□
	버스 정류장	광역버스□ 시내버스□ 마을버스□
	학교	초등학교□ 중학교□ 고등학교□
	편의시설	근린상가□ 학원가□ 병원□ 대형마트□ 백화점□
	기피시설	있음□ 없음□

두근두근 입찰가 쓰기

나땅

"선생님, 낙찰되려면 입찰가는 얼마를 써야 하나요?"

답은, 단독으로 낙찰되는 것도 두렵지 않고 패찰하더라도 아쉽지 않은 금액이다. 내가 확신을 가지는 만큼만 써야 한다는 뜻이다. 입찰가는 스스로가 받아들일 수 있는 금액을 써야 낙찰이 되어도, 패찰을 해도 다른 사람을 원망하지 않고 투자할 수 있다. 입찰가는 철저하게 자신이 책임하에 써야 한다. 그럼에도 입찰가 산정에는 요령이 있다. 경쟁입찰 방식일 경우 낙찰가를 쓰는 요령은 다음과 같다.

⊚ 경쟁자의 심리를 파악하라

물건의 컨디션이 좋지 않다면 그만큼 싸게 낙찰된다. 크게 나쁘면 많이 싸게 낙찰되고, 조금 나쁘면 약간 싸게 낙찰된다. 작은 선호도 차이로도 입찰가의 차이는 크게 벌어진다. 시장 분위기도 많이 타는 편이다. 전설적인 금액에 낙찰된 사례들은 늘 시장이 비관적이고 투자자들의 심리가 얼어붙어 있을 때 낙찰된 물건이었다.

"남들이 살 때 팔고, 남들이 팔 때 사라."

알고 있지만 남들이 살 때 같이 안 사면 불안하고, 남들이 팔 때 혼자 투자하려면 두려운데 어쩌겠는가? 투자는 대중과 반대로 가야 한다는 것을 입으로는 이야기하지만 우리는 대중의 속성을 가지고 있다. 공매는 서로 경쟁하는 시장이기 때문에 상대방이 있고, 상대방은 사람이다. 사람은 철저하게 생존 본능대로 움직인다.

⊚ 너무 낮은 최저매각가격은 피하라

공매는 감정평가금액에서 시작해 낙찰자가 없으면 10%씩 저감된 금액으로 최저매각가격이 낮아진다. 그리고 최저매각가격이 시세보다 너무 낮으면 경쟁률이 높아진다. 낙찰가는 입찰자수와 비례해서 올라간다. 너무 많이 유찰되면 다음 기일에 오히려 전 기일 최저매각가격보다 높은 가격으로 낙찰받는 사람이 한 명씩은 있게 마련이다. 지나치게 여러 번 유찰되면 오히려 낙찰가가 높아질 수 있다.

뒤늦게 물건과 사랑에 빠지는 사람이 꼭 있다. 늦사랑에 빠져 높은 가격에 낙찰받지 말고, 적당할 때 입찰해라. 지각에는 대가가 있다. 입찰해보니 입찰자가 수십 명이고 순위권에도 못 든 채 패찰하는 사람이라면 갈 길이 아직 멀다. 싸게 낙찰받아 단기에 수익을 내는 사람들은 전략적으로 5명 이내가 응찰하는 물건으로 수익을 낸다.

⊙ 입찰가는 톱다운 방식으로 산정하라

최저매각가격이 3억 원이고 시세가 5억 원이라면 당신은 입찰가를 얼마부터 시작하겠는가? 3억 원에서 얼마를 더 써야 할지 고민한다면 당신의 입찰가 산정 방식은 바텀업이다. 즉 아래에서 위로 올라가는 방식이다. 하지만 낙찰을 받으려면 톱다운 방식으로 입찰가를 산정해야 한다. 시세에서 수익을 얼마나 낼지 계산해서, 위에서 아래로 내려오는 방식으로 입찰가를 산정해야 한다는 의미다.

최저매각가격에서 조금씩 올리는 방식으로 입찰가를 산정하면 심리적 문턱마다 덜커덩 걸리게 돼 있다. 사람에게는 어떤 선을 넘기고 싶지 않다는 심리적 저지선이 있다. 예를 들어 최저매각가격 3억 원에서 시작한다면 3억 5,000만 원, 4억 원, 4억 5,000만 원이라는 3가지 문턱이 있다. 입찰가 산정을 3억 원에서 시작하면 3억 5,000만 원 이상을 쓸지 말지 생각하면서 1억 5,000만 원의 수익을 꿈꾼다. 수익 1억 5,000만 원을 포기해야 입찰가 4억 원 이상을 쓸지 말지 고민할 수 있다. 이 같은 문턱이 계속 있기 때문에 번번이 낮은 금액을 쓰게 된다.

심리적 문턱에는 전 기일 최저매각가격도 있다. 시세는 5억 원이고 전 기일 최저매각가격이 3억 원이었는데 유찰된 물건이 있다고 치자. 날이 좋아서, 날이 흐려서, 혹은 아무 문제가 없는데도 유찰되는 경우가 종종 있다. 원래 몇 명은 입찰할 물건인데 그날 따라 나 혼자 입찰해서 내가 쓰는 게 가격이 되는 것이다. 입찰을 할지 말지 고민될 때는 해야 한다. 전 기일에 3억 원만 썼어도 낙찰됐을 거라는 심리적 문턱이 있어서 전 회차 가격을 넘기려 하지 않는다.

⊙ 입찰가는 '시세 - 비용 - 세금 - 수익 ± 전망'이다

이 공식은 의미하는 바가 큰데, 특히 마지막 변수인 전망이 중요하다. 사람들은 가격이 오를 거라고 생각하면 시세에 육박한 가격으로도 낙찰을 받는다. 일반 매매로 투자하는 이들은 매도자가 부르는 가격에 사서 수익을 낸다. 현재 시세에 사서 가치가 오르는 만큼 수익을 내는 것도 투자이기 때문이다.

공매 투자는 오를 요소가 충분한 물건을 조금 싸게 혹은 거의 시세에 육박하게 낙찰받아 수익을 내는 전략이 있다. 반대로 오르지 않을 부동산을 시세보다 현저하게 싸게 낙찰받아 수익을 내는 전략도 있다. 물건에 알맞은 수익보다 더 욕심을 내면 패찰을 많이 하게 될 것이다. 앞으로 오를 거라는 기대가 충만한 부동산이라면 전망이라는 변수를 기억하고 입찰하자.

정년이 없고 시간을 자유롭게 운용하여 돈을 벌 수 있다는 것이

부동산 투자의 장점이다.

부동산 투자를 위해 공매 입찰을 할 때는,

내 종잣돈으로 가능한 물건을 검색한다.

관심 물건을 저장하고 날짜순으로 낙찰 상황을 지켜본다.

어느 정도 금액으로 입찰하면 되겠다는 가이드가 나오면 실행한다.

그 전에는 입찰하지 않는다.

6장

낙찰 이후
수익 내기

최선의 대출을
찾아서

◎ 대출, 80%까지 받으려면

공매로 낙찰받은 물건 역시 경매의 경우와 같이 1금융권, 2금융권 등 다양한 금융기관에서 대출을 받을 수 있다. 다주택자 및 부동산매매사업자 기준으로, 2024년 하반기 현재 감정평가금액이나 KB부동산 시세의 60%와 낙찰가의 80% 중 더 낮은 금액으로 대출이 가능하다. KB부동산 시세가 1억 5,000만 원인 아파트가 유찰되어 최저 입찰가가 1억 원까지 낮아졌다고 가정하자. 다주택자는 DSR 조건만 충족한다면 KB부동산 시세의 60%까지 대출이 가능하다. 1금융권은 DSR 40%, 2금융권은 DSR 50%까지 가능하다.

DSR은 'Debt to Service Ratio'의 약자로서 소득에서 총부채원

리금으로 상환되는 금액의 비율이다. 대출기간이 짧을수록 해마다 상환해야 하는 원금의 크기가 커지기 때문에 DSR은 더 높이지게 된다. 원하는 만큼 대출을 받으려면 DSR 관리가 필수적이다. 가능하다면 대출기간이 짧은 신용대출을 줄이는 것이 그 방법이다.

앞서 예시로 든 아파트를 입찰하기 전에 대출이 어느 정도 가능할지 대략적으로 확인해보자. KB부동산 시세가 1억 5,000만 원이니 LTV(Loan To Value ratio, 담보인정비율) 60%는 9,000만 원이다. KB부동산 시세로 낙찰을 받았다면 9,000만 원 정도는 대출이 가능하다. 그런데 낙찰가가 낮아지면 낙찰가의 80%까지 대출을 받을 수 있다. KB부동산 시세의 60%와 낙찰가의 80% 중에서 더 낮은 금액으로 대출을 해주기 때문이다. 낙찰가의 80%가 KB부동산 시세의 60%보다 적으면 되는 것이다.

⊙ 낙찰가 × 0.8 = KB부동산시세 × 0.6

⊙ 낙찰가 = KB부동산시세 × 0.6/0.8

위의 식에 아파트 가격을 대입해보면 입찰가는 다음의 금액 이하여야 한다.

⊙ 낙찰가 = 1억 5,000만 원 × 0.6/0.8

   = 1억 1,250만 원

부동산 공매의 정석

즉 1억 1,250만 원보다 낮은 금액에 낙찰을 받으면 80%의 대출이 가능하다. 만약 부동산매매사업자로 대출을 받는다면 이 대출 가능 금액에서 소액임차인 최우선변제금을 제외한다.

⊕ 부동산매매사업자 대출한도 = 낙찰가 × 0.8 - 소액임차인 최우선변제금

◎ 내가 대출받을 수 있는 금액은 얼마일까?

대출을 얼마나 받을 수 있는지 알아보려면 해당 지역의 대출상담사 연락처를 여럿 확보하고 문의하는 것이 가장 좋다. 금융기관별로 목표 실적 달성 정도와 대출 가능 여부가 다르다. 대출상담사가 주로 거래하는 은행이 있기 때문에 많은 상담사를 알고 있으면 그만큼 많은 금융기관에 확인이 가능하다. 입찰 전에 확인해야 낙찰 후 대출이 안 돼서 잔금을 내지 못하는 일이 없으니 반드시 확인한다.

◎ 대출이자, 얼마나 내야 할까?

대출 금리는 시중의 일반적인 담보대출 금리를 따른다. 부동산계산기.com을 이용하면 대출금액과 대출기간, 연이자율을 입력하여 대

출이자를 계산할 수 있다. 대출 금리와 함께 꼭 확인해야 하는 것은 중도상환수수료다. 단기에 대출을 상환할 예정이라면 중도상환수수료가 큰 비용이 된다. 금융기관과 상품별로 천차만별이기 때문에 대출 문의 시 확인이 필요하다.

빌리언의 알짜 정보

인근의 공매 물건 등기사항전부증명서로 대출기관 알아보기

대출을 실행하면 금융기관에서 대상 부동산에 근저당권을 설정한다. 따라서 인근에서 최근 낙찰된 공매 물건의 등기사항전부증명서등본을 확인하면 어떤 금융기관에서 얼마의 대출을 실행해주었는지 확인 가능하다. 금융기관의 주소가 나오기 때문에 어느 지점인지도 알 수 있다.

같은 은행이라도 지점별로 자금 상황이 다르다. 아울러 경·공매 대출을 다루는 지점이 있고 다루지 않는 지점이 있다. 등기사항전부증명서등본을 발급하는 노력만 기울이면 공매로 낙찰된 물건에 대해 대출을 해주는 금융기관이 어디인지 쉽게 알 수 있는 것이다.

참고로 금융기관별로 그 해의 목표 대출금액이 다르고 달성률에 차이가 있다. 12월에 가까워질수록 목표를 달성한 기관이 많기 때문에 대출을 해주는 곳을 찾기가 어려워질 수 있다.

미리 준비하는 명도

빌리언

◎ 입찰 전에 명도 시점을 계획하자

"정해진 기간 안에 이사를 가지 않으면 강제집행을 하겠다." 경매가 갑의 입장에서 명도를 진행한다면, 공매는 "제발 나가주세요"라며 을의 입장에서 명도를 진행하게 된다. 명도소송까지 가지 않기 위해서다. 점유자가 공매 절차에서 받아갈 돈이 있다면, 명도 협상은 조금이라도 더 수월해진다. 대항력 있는 임차인이 보증금 전액을 배분받을 수 있다면 말이다.

명도는 입찰 전에 미리 생각해야 한다. 명도 예상 시점에 따라 투자의 마지노선을 정할 필요가 있다. 분명히 수익을 낼 수 있는 물건이더라도 명도 시점에 따라 수익이 달라지기 때문이다. 가령 대항력 있는 임차인이 있는 주택을 신탁재산 공매로 낙찰받았다고 해보자. 이런 물건은 인수하는 보증금만큼 낙찰가액이 적어진다. 그래서 갭 투자라고 생각하고 낙찰받을 수 있지만, 임차인이 계속해서 점유를 원하는 경우에는 원치 않는 장기 보유를 하게 된다.

만약 임차인이 보증금 받기를 거부하며 1년 가까이 이사를 갈 수 없다고 한다면, 명도소송을 진행할 수밖에 없다. 공매는 인도명령제 도가 없기 때문에 강제집행을 위해서는 명도소송에서 판결을 받는 과정이 필요하다. 이 과정이 짧지가 않다.

장기 보유가 부담되는 물건이라면 다른 방안을 마련하거나 과감히 입찰을 포기해야 한다. 따라서 입찰 전에 반드시 명도에 대해 가능한 시나리오를 모두 생각해보고 감당할 수 있는지 확인하는 작업이 필요하다.

⊚ 임차인이 점유자일 때 vs 소유자가 점유자일 때

임차인이 점유하면서 배분 요구를 했고, 전액을 배분받는다면 명도는 어렵지 않게 진행할 수 있다. 배분을 받기 위해서는 낙찰자의 명도확인서와 인감증명서가 필요하다. 그래서 배분 당일 혹은 그 이전에 이사를 가야 배분을 받을 수 있다. 간혹 낙찰자에게 서류를 받지 않고 배분을 받기도 하는데, 이때 임차인은 자신이 이사 갔음을 증빙

부동산 공매의 정석

해야 한다.

대항력 있는 임차인이 보증금을 전액 배분받지 못하는 경우에는 계속해서 점유할 수 있다. 따라서 임차인이 배분을 모두 받을 수 있는지 없는지 제대로 확인할 수 있어야 한다.

소유자가 점유를 하고 있다면, 명도가 만만치 않은 경우가 대부분이다. 배분받을 금액이 전혀 없는 경우가 대다수이고 점유자가 금전적으로 상당히 어려운 상황에 놓여 있기 때문이다.

◎ 명도 협상, 점유자를 어떻게 설득할까?

협상상대가 무엇을 필요로 하는지 생각해보자. 내가 상대방이 원하는 것을 줄 수 있다면, 그 또한 나의 요구를 들어줄 수 있다. 만약 내가 상대방이 원하는 걸 줄 수 없다면, 그가 협상에 응할 다른 이유를 만들어주어야 한다. 여기서 유의할 점은 상대방의 상황이다. 점유자가 처한 상황은 공매재산명세를 통해 알 수 있다.

협상상대가 기존 소유자로부터 보증금을 반환받지 못한 임차인이라고 가정해보자. 누구나 이런 상황에 닥치면 하루하루 불안감에 잠을 설칠 것이다. 이런 극도의 불안감과 스트레스 상황에서 점유하고 있던 물건이 공매로 매각되고 나서 낙찰자가 찾아왔을 때, 웃으면서 원만하게 소통하기란 쉽지 않을 것이다. 그동안 쌓였던 스트레스가

자칫 낙찰자에게 쏟아질 수 있다.

상대방이 나에게 공격적으로 대할 수밖에 없다는 점을 인지하고, 임차인의 상황에서 최선의 선택을 할 수 있도록 도움을 드린다는 생각으로 접근한다면 명도 협상은 파국으로 치닫지 않고 원만하게 마무리될 수 있을 것이다. 공격적인 상대방에게 순간적인 감정으로 대응하지 않는 것만으로도 협상의 줄다리기는 계속 이어질 수 있다.

명도를 진행하는 낙찰자보다 이사를 가야 하는 점유자가 심리적으로 훨씬 힘들다. 그는 오랫동안 시달렸고 공매가 진행되는 동안 계속 관련 서류들을 받았을 것이다. 타협점을 찾게 되면 협상이 완료되는 것이다. 명도 협상은 결코 만만치 않은 과정이지만 원칙만 확실하게 지킨다면 누구나 해낼 수 있는 과정이기도 하다.

연립·다세대주택 명도 사례

빌리언

⊚ 경기도 안성시 공도읍 연립주택

신탁재산 공매 물건을 발견하고 입찰 전에 물건에 대해 조사를 했다. 경기도 안성시 공도읍에 소재한 연립주택이었는데 인근에 산업단지가 상당수 소재하여 임차 수요가 꾸준하게 있는 곳이었다. 실제로 낙찰 후에 계약한 임차인 또한 인근의 유명한 가구회사에 근무하는 분이었다.

입찰하기 전에 반드시 확인해야 하는 서류는 전입세대확인서다. 전입세대주가 있다면 그 세대주는 소유자일 수도 있고 임차인일 수도 있다. 전입세대확인서를 열람해보니 전입세대주가 없었다. 서류상 전입세대주가 없다면 실제로 점유자가 없을 가능성이 크다.

어느 집에 사람이 살고 있는지 여부를 어떻게 알 수 있을까? 사람이 생존하기 위해서 꼭 필요한 것이 물, 전기, 가스다. 그래서 연립주택을 관리하는 업체에 연락해 확인했더니 10개월 이상 관리비를 납부하지 않은 상태였다. 한국전력공사를 통해서 전기 사용 또한 없음을 확인했다. 이런 정황으로 볼 때 사람은 거주하지 않을 것 같았으나, 내부에 짐이 있을 수 있기 때문에 추가 확인이 필요했다. 가장 이상적인 경우는 아무도 살지 않고 문이 잠겨 있지 않은 물건이지만, 대부분은 문이 잠겨 있고 점유자가 있다.

물건지를 방문해 초인종을 눌러봤지만 반응이 없었다. 그래서 옆집 초인종을 조심스럽게 눌렀다.

"누구세요?"

누구인지 묻는 소리, 그리고 아이들 소리가 들렸다. 연립주택 내부를 둘러보면서 어린이용 자전거와 유아용품 등이 계단 중간중간에 놓여 있는 것이 눈에 띄었는데 이 집에도 아이들이 있는 것 같았다. 인근에 초등학교와 중학교가 있었기에 어린 자녀를 둔 가정이라면 충분히 수요가 있을 만했다.

"옆집을 공매로 낙찰받은 사람입니다. 몇 가지 여쭤보고 싶은 게 있는데요."

옆집에서 사람이 나왔다.

"무슨 일로 오셨나요?"

"혹시 옆집에 거주하시는 분 만나신 적이 있나요?"

"아뇨, 오래전에 이사 가고 지금은 사람이 안 살아요."

지난번 임장을 왔을 때도 점유자가 없겠다는 생각이 들었는데 내 생각이 맞는 것 같았다. 임장은 퇴근시간 조금 전 비교적 조용한 때 하는 것이 좋다. 우선 건물 안팎을 살펴보고 퇴근시간이 지났을 때 사람의 출입이 얼마나 있는지 확인한다. 해가 지면 전등이 켜지는지 확인하고 임장을 종료한다. 지난번 임장 때는 평일 오후 8시가 지나도록 전등이 켜지지 않았다. 주의할 점은, 사람이 살지 않아도 문이 잠겨 있으면 강제로 문을 열면 안 된다. 일단 소유권을 취득하는 대

[6-1] 공도읍 연립주택 부동산거래 내역

로 부동산점유이전금지 가처분 신청을 하고 가처분 집행을 하기로 마음먹었다. 부동산점유이전금지 가처분이란 목적물의 인적·물적 현상을 본 집행 시까지 그대로 유지토록 하는 것이다. 즉 명도소송을 할 예정이니 위장 세입자나 다른 사람에게 해당 부동산을 넘기지 말라는 뜻이다.

그런데 생각보다 쉽게 명도를 완료했다. 입찰 전에는 신탁회사와 우선수익자가 현관 비밀번호를 모른다고 했는데, 잔금 납부 후 비밀번호를 알려준 것이다. 명도소송까지 각오했지만 무혈입성했던 사례다.

⌖ 서울시 관악구 봉천동 다세대주택

2022년과 2023년에는 거의 매일 전국 곳곳에서 전세사기와 관련된 뉴스가 쏟아졌다. 이 물건 역시 전세사기와 관련 있었고 그나마 전세보증보험 이행으로 임차인은 보증금을 일부 혹은 전액 돌려받을 수 있었다. 다른 악의적인 사기의 경우에는 임차인이 대항력을 행사할 수 없고 보증금을 한 푼도 돌려받지 못하기도 했다. 다세대주택(빌라)은 공시가격의 126%까지만 전세 보증이 가능하다. 따라서 전세보증금을 강제로 낮춰야 하는 경우도 있어 빌라에 대한 투자자들의 선호도가 더 떨어졌다. 빌라에 대한 관심이 떨어지면서 공매

[6-2] 봉천동 다세대주택 입찰 결과

물건관리번호	2021-1	**집주인 빌라**		
재산구분	압류재산(캠코)	매매 2억 5,000		
물건명	서울특별시 관악구 봉천동 ****	빌라 · 45/39m², 5/5층, 동향		
공고번호	202.	신혼추천 1년건체올수리 방 거실 베란다 위... 25년이내 올수리 화장실한개		
		회차 / 차수	040 / 001	
처분방식	매각	입찰방식/경쟁방식	최고가방식 / 일반경쟁	
입찰기간	2022- 2022-	총액/단가	총액	
개찰시작일시		집행완료일시		
입찰자수	유효 1명 / 무효 0명(인터넷)			
입찰금액	142,000,000원			
개찰결과	낙찰	낙찰금액	142,000,000원	
감정가 (최초 최저입찰가)	220,000,000원	최저입찰가	132,000,000원	
낙찰가율 (감정가 대비)	64.55%	낙찰가율 (최저입찰가 대비)	107.58%	

투자자 입장에서는 시세보다 싼 금액에 취득할 수 있는 기회가 생긴 것이다.

고금리가 1년 넘게 지속되고 있는 상황이다. 높은 금리로 인해 폐업하는 건설사 소식이 빈번하고 빌라의 인허가 물량은 2022년 대비 70% 이상 감소한 상태다. 공사비 인상과 빌라 기피 현상으로 인해서 공급이 급격하게 감소했다. 아울러 서초구, 강남구, 송파구, 용산구 같은 규제지역의 빌라는 개인이 단기 매매 시 중과세율이 적용되고, 부동산매매사업자 또한 비교 과세가 적용되어 실익이 없는 상황이다. 투자자의 진입이 제한적인 것이다. 이런 상황에서 거래가 회복되는 빌라는 비규제지역 중에서 일자리 접근성이 뛰어난 입지의 빌라가 될 가능성이 크다.

3억 원 프로젝트로 낙찰받은 관악구 봉천동의 다세대주택은 이 조건에 어느 정도 부합하는 물건이었다. 지하철 2호선 봉천역에서 도보로 10분 거리에 있고, 임차 수요가 풍부하며 인근의 모아타운 추진으로 투자자의 관심이 지속되고 있었다. 봉천역은 강남 접근성이 양호하기 때문에 사회 초년생과 직장인의 수요가 꾸준하게 있는 곳이다. 이 물건을 시세 대비 약 1억 원 저렴한 1억 4,200만 원에 취득하여 하락한 전세가인 1억 9,000만 원에 전세를 놓아서 투자금을 모두 회수했다. 깔끔하게 수리를 하고 전세로 내놓은 바로 다음 날 계약이 체결되었다.

이 물건의 점유자는 소유자로서 명도를 위해서 찾아간 날 바로 명도를 완료했다. 점유자의 연락처는 이웃 주민을 통해서 파악했고, 대부분의 짐을 빼고 이사비를 받기 위해 점유를 지속하고 있는 상태였다. 나는 대부업체의 대출로 잔금을 낸 상황이었기 때문에 매달 대출금의 10%씩 이자가 나가고 있는 상황이었다.

점유자는 이사비 500만 원을 요구했다. 터무니없이 높은 금액에 협상이 길어질 수도 있는 상황이었다. 그래서 바로 비밀번호를 알려준다면 300만 원을 지급하겠다고 제안하고 설득 끝에 바로 명도를 완료할 수 있었다. 명도소송을 진행한다면 당연히 승리하고 이사비를 지급하지 않아도 되었겠지만, 점유자는 이사비 없이는 퇴거할 생각이 없었기 때문에 6개월 이상이 소요될 수 있었다. 대출이자만 매월 1,000만 원 가까이 내느니 이사비를 지급하고 빠르게 투자금을 회수하기로 했다.

이 물건은 최악의 빌라 시장에서도 2억 5,000만 원에 매도되었다.

명도에
필요한 서식

다음의 서식은 실제 법무법인에서 사용하는 명도용 서식이다. 상황에 맞게 조금씩 수정해서 사용하면 된다.

[6-3] 명도에 필요한 서식 1. 내용증명

내용증명

제목: 소유권이전 후 법적 절차 안내

당사자:

발신:

수신:

(주소:)

```
〈부동산의 표시〉


```

본인은 상기 부동산을 물건관리번호 ＿＿＿＿＿＿＿공매에서 낙찰받
아 그 잔금을 납부한 위 부동산의 소유자로서 상기 부동산의 점유자인
귀하를 상대로 아래와 같이 법적 절차를 진행할 예정이오니 참고하시
기 바랍니다.

1. 법적 절차에 의해 부동산 인도가 안되면 절차에 드는 모든 소송비
   용이 귀하에게 청구될 것입니다.
2. 귀하는 본인의 소유권이전일로부터 상기 부동산을 명도하는 시점
   까지 월 ＿＿원(본 부동산 감정평가금액의 0.7%로 보증금 없는 월 임
   대료임)에 해당하는 금액을 청구하는 부당이득금 반환 소송을 제기
   할 예정이며 이 판결이 확정되는 즉시 귀하의 재산에 압류 조치가
   될 것입니다.
3. 귀하와 본인이 원만한 합의가 되면 상기 법적 절차를 생략할 수 있
   으니 변호사님의 현명한 조언을 받으시고 판단하시기 바랍니다.
4. 본 내용증명 수신 후 1주일 이내 아래 연락처로 이사날짜 협의가
   없을 때 본인과 협의할 의사가 없는 것으로 간주하여 상기 모든 법
   적 절차를 법률사무소를 통하여 진행할 것이오니 참고하시기 바랍
   니다.

년 월 일

위 당사자

명도합의서

부동산의 표시

소재지			
종류		구조	
전용면적		부속건물	

상기 부동산 낙찰자 _____를 "갑" 상기 부동산의 점유자 _____를 "을" 이라 칭하고 "갑"과 "을"은 상호 협의하여 아래의 사항을 이행할 것임을 확인합니다.

-아래-

1. "을"은 ___년 ___월 ___일 합의서 내용을 모두 이행했을 경우 "갑" 은 "을"에게 인도함과 동시에 상기 부동산에 대한 점입을 이전하기 로 한다.

2. "을"은 본 이행 합의서 내용을 모두 이행했을 경우 "갑"은 "을"에 게 이사비 명목으로 일금 _____원(   )을 지급하기로 하고 약정한 이사일에 "을"의 모든 짐이 반출되고 상기 건물에 대한 내 부 시설물이 이상 없는 상태인 것을 확인 후 지급하기로 한다.

3. "을"은 사용기간의 모든 관리비와 공과금을 정산한다. 또한 남은 물 건들은 버린 것으로 인정하고 이사일 이후 남은 짐을 임의로 처분 하는 데 동의하며 민형사상 책임을 묻지 않기로 한다.

4. 이사 후 점유자가 거주하던 장소가 고의로 파손된 것으로 확인되거 나 본 확인서 약정 중 하나의 항이라도 위반한 시 "을"은 "갑"에게 손해배상금 천만 원을 지급한다.

〈첨부 서류〉 인감증명서, 신분증 사본

년 월 일

갑: (인)

주소:

을: (인)

주소:

[6-5] 명도에 필요한 서식 3. 명도확인서

명도확인서

사건번호:

이름:

주소:

위 사건에서 임차인은 임차보증금에 따른 배분금을 받기 위해 매수인에게 목적 부동산을 명도하였음을 확인하였습니다.

〈첨부 서류〉 매수인 명도확인용 인감증명서 1통

년 월 일

매수인: (인)

연락처:

05

관리비
처리 방법

빌리언

각종 관리비는 어떻게 처리해야 할까? 낙찰자가 모두 납부해야 하는
것일까? 명도 이후 관리비 처리 방법에 대해 알아보자.

◎ 지급하지 않아도 되는 장기수선충당금

장기수선충당금은 공용관리비로 매월 아파트 소유자에게 유지보수
를 위해 청구하는 금액이다. 원칙상 소유자가 납부해야 한다. 점유자
가 임차인이라면 편의상 임차인이 대신 매달 장기수선충당금을 지
급하고, 임대차계약이 종료되었을 때 그동안 납부했던 장기수선충
당금을 소유주로부터 일시에 돌려받는다.

임차인인 점유자가 장기수선충당금을 청구한다 해도, 낙찰자는 해당 비용을 지급할 의무가 없다. 전 소유자를 대신해서 발생한 채권이기 때문에 임차인은 전 소유자에게 받을 수 있는 것이다. 만약 낙찰자가 잔금 납부를 한 이후 임차인이 장기수선충당금을 냈다면, 그 금액은 낙찰자가 변제할 의무가 있다. 전 소유자가 장기수선충당금을 낙찰자에게 요구하는 경우도 있다. 직접 설명하기보다는 관리사무소에서 장기수선충당금을 누구에게 부과하는지 함께 확인하면 된다.

◎ 지급해야 하는 선수관리비

선수관리비는 아파트 관리를 위해서 최초에 관리사무소가 소유자로부터 받아둔 관리비다. 소유자가 바뀌면 새로운 소유자가 전 소유자에게 지급하는 것이 일반적이다. 전 소유자가 이사를 가면서 낙찰자에게 선수관리비를 요구한다면, 지급해주면 된다. 필자는 전 소유자가 관리비를 정산하는 경우 선수관리비를 돌려주고 낙찰자에게 전부 떠넘긴다면 선수관리비를 돌려주지 않는다. 정해진 것은 없으니 상황에 맞게 하는 것이 좋다.

⊙ 3년 후 사라지는 관리비

일반적으로 관리비 중에서 공용부분은 낙찰자가 관리사무소에 지급할 의무를 지닌다. 단, 관리비채권의 소멸시효는 3년이다. 관리사무소에서 부과한 관리비 중에서 3년이 지난 공용관리비는 낙찰자가 인수하지 않는 것이다. 그런데 소멸시효가 지나기 전에 관리사무소가 소유자에게 지급 요구를 하여 소멸시효가 중단되었다면, 관리비채권은 3년이 지난 것이라도 낙찰자가 지급할 의무가 있다. 따라서 인수하게 될 수 있는 공용관리비가 얼마인지 입찰 전에 꼭 확인해야 한다.

⊙ 분리해서 내는 전기요금

기존에 전기 사용자가 있었다면, 분리청구 신청을 할 수 있다. 다른 사람이 사용했던 전기요금을 낙찰자가 대신 납부해야 하는 것은 아니다. 한국전력공사에 소유권이전 내역을 보내면 전 소유자에게 청구하도록 분리해준다.

부동산 공매의 정석

임대하거나
매도하거나

⊚ 낙찰받은 집, 월세 또는 전세로 임대하기

월세 임대의 장점과 단점

낙찰받은 물건을 이용할 수 있는 방법 중 하나는 임대로, 매달 일정 금액의 차임을 받는 월세 임대와 한 번에 보증금을 받는 전세 임대가 있다. 투자 목적별로 월세를 놓을지 전세를 놓을지 결정할 수 있다. 대출을 많이 받은 상태라면 월세를 놓아 대출이자를 낼 수 있다. 이렇게 월세 세팅을 하면 임차인이 퇴거할 때까지 보유할 수 있다. 대출이자에 대한 부담이 없기 때문이다. 낙찰가의 80%를 대출받고 월세보증금을 받으면 묶이는 돈은 정말 소액이다. 대출이자는 월세를 받아 납부하면 된다.

단점도 있다. 월세로 임대하고 있는 상태에서는 매도하기가 쉽지 않다. 대부분의 매수자는 대출을 받아 부동산을 취득해야 할 텐데 기존 임차인이 점유하고 있는 상태에서는 담보대출을 해주는 금융기관을 찾는 것이 쉽지 않다. 부동산 가액이 클수록 현금으로 취득할 수 있는 매수자 또한 줄어들 것이기 때문에, 월세 임대 중에 매도하기란 쉽지 않은 일이다.

단기로 월세를 놓은 후 매도하는 방법도 있다. 계약기간을 아무리 짧게 설정한다고 해도 임차인은 임대차계약이 체결된 이후 2년 혹은 그 이상 연장하여 살겠다고 할 수 있다. 대출을 풀로 받아 월세를 놓는 것은 투자금을 가장 최소화하는 방법이다. 단, 대출을 갚지 않고 월세를 놓으면 다음 투자를 할 때 DSR 때문에 대출한도가 줄어들 수 있다.

전세 임대의 장점과 단점

임대를 놓는 방법에는 전세도 있다. 일반적으로 전세가는 매매가 이하에 시세가 형성되지만 전세가율이 높은 아파트는 낙찰가보다 오히려 전세가가 더 높은 경우도 있다. 전세가는 실수요와 공급에 따라 가격이 결정되기 때문에 투자 목적에 맞게 수요와 공급을 꼼꼼하게 조사해야 한다. 전세가율이 어느 정도 높은 부동산을 공매로 시세보다 저렴하게 취득하여 전세를 놓으면, 투입금의 대부분이 회수되면서 소유권을 취득할 수 있다. 경우에 따라서는 투입금 이상의 전세보증금을 받기도 한다.

일반 매매로 취득한 경우 시세보다 높은 금액에 전세를 놓는 것은 위험하다. 전세보증금을 반환하지 못하는 최악의 사태가 생길 수 있기 때문이다. 반면 공매로 시세보다 저렴하게 취득하여 취득가액만큼에 전세를 놓는 것은 어느 정도 안전 마진을 확보한 것이기 때문에 부동산 가치가 하락해도 전세가 정도에 매도하여 임차인에게 보증금을 반환할 수 있다.

전세로 임대하면 매수자도 좀 더 찾기 쉬워진다. 시세가 1억 5,000만 원인 아파트를 1억 원에 취득하여 전세를 1억 3,000만 원에 놓았다고 해보자. 매수를 하고서도 보유자금이 3,000만 원 불어난다. 이것이 가능한 이유는 공매로 시세보다 저렴하게 취득했기 때문이다. 그런데 1억 원에 낙찰받아 1억 3,000만 원에 전세를 놓아서 불어난 3,000만 원은 아직 내 돈이 아니다. 계약기간이 끝나면 임차인에게 반환해야 하는 금액이다.

여기서 부동산의 가치가 하락하여 1억 5,000만 원에서 1억 3,000만 원이 됐다고 한다면, 1억 3,000만 원에 매도하여 임차인에게 보증금을 반환할 수 있다. 만약 부동산의 가치가 더 하락하면 어떻게 될까? 1억 1,000만 원까지 하락했다 해도 내가 낙찰받은 금액보다는 높게 매도할 수 있고, 임차인에게는 나머지 2,000만 원을 반환하면 되는 것이다.

⊙ 매도, 세금을 최소화하는 것이 관건

1년 이내 단기 매도 시 양도소득세율(지방소득세 포함)은 77%에 달한다. 1년 이내에 매도하면 수익보다 세금이 더 크기 때문에 단기 매도는 개인 부동산매매사업자를 활용하거나 2년 보유 후에 매도한다.

현재 비규제지역(용산구, 서초구, 강남구, 송파구 제외) 다주택자와 법인 사업자의 대출이 가능하다. 2022년 이후 얼었던 시장이 회복되는 양상이 보이면서 지역에 따라 반등한 정도는 다르지만 거래의 온기가 퍼져나가고 있다. 더 떨어지지 않을 것 같다는 대중의 인식과 거래 정체기가 길었던 만큼, 2024년 하반기 현재 공매로 취득한 자산을 바로 매도해 수익을 내고 있는 투자자가 많다. 외곽지역에서도 낙찰을 받아 단기 매도했다는 소식이 많이 들리고 있다.

수익을 내려면 꼭 알아야 할 양도소득세

나땅

◎ 세금, 어떻게 계산되는 것일까?

공매 투자에서 세금은 부동산 거래 비용, 인테리어 비용, 금융 비용 중에서 가장 중요한 비용이다. 세금을 어떻게 처리하는가에 따라 매매차익이 크게 달라지기 때문이다. 공매 투자에 가장 자주 등장하는 경험담이 있다. 낙찰받은 집을 수리해서 몇 달 만에 수천만 원을 남기고 팔았다는 이야기다. 그런데 2024년 현재 1년 이내에 주택을 매도하면 양도소득세율(지방소득세 포함)이 77%나 된다. 2,000만 원의 차익을 남기면 1,100만 원이 세금으로 나간다는 뜻이다.

공매에서 단기 매도로 수익을 냈다면 부동산매매사업자로 세금을 납부했다는 뜻이다. 부동산매매사업자는 매매가 사업이기 때문

[6-6] 양도소득세율

부동산, 부동산에 관한 권리, 기타자산(소득세법§104①1,2,3,4,8,9,10,④3,4,⑤,⑦)

자산	구분		'09.3.16.~'13.12.31.	'14.1.1.~'17.12.31.	'18.1.1.~3.31	'18.4.1.~'21.5.31.	'21.6.1.~'22.5.9.	'22.5.10.~'24.5.9.
토지·건물, 부동산에 관한 권리	보유기간	1년 미만	50%	50%[1](40%)[2]			50%[1](70%)[2]	
		2년 미만	40%	40%[1](기본세율)[2]			40%[1](60%)[2]	
		2년 이상	기본세율					
	분양권		기본세율	기본세율(조정대상지역 내 50%)			60%(70%)[3]	
	1세대 2주택 이상 (1주택과 1조합원 입주권·분양권 포함)인 경우의 주택		기본세율 (2년 미만 단기 양도시 해당 단기양도세율 적용)			보유기간별 세율 (조정대상지역 기본세율+10%p)	보유기간별 세율 (조정대상 지역 기본세율+20%p)	기본세율[5]
	1세대 3주택 이상 (주택+조합원 입주권+분양권 합이 3이상 포함)인 경우의 주택		보유기간별 세율 (조정대상지역 기본세율+10%p)[2,8]			보유기간별 세율 (조정 대상지역 기본세율+20%p)	보유기간별 세율 (조정 대상지역 기본세율+30%p)	

[6-7] 양도소득세율과 누진공제액

과세표준	세율	누진공제액
1,400만 원 이하	6%	-
1,400만 원 초과~ 5,000만 원 이하	15%	126만 원
5,000만 원 초과~ 8,800만 원 이하	24%	576만 원
8,800만 원 초과~ 1억 5,000만 원 이하	35%	1,544만 원
1억 5,000만 원 초과~ 3억 원 이하	38%	1,994만 원
3억 원 초과~ 5억 원 이하	40%	2,594만 원
5억 원 초과~ 10억 원 이하	42%	3,594만 원
10억 원 초과	45%	6,594만 원
보유기간(주택)	1년 미만 70%	2년 이상 보유 시 기본세율 적용
	1년 이상 2년 미만 60%	
보유기간(토지, 건물)	1년 미만 50%	2년 이상 보유 시 기본세율 적용
	1년 이상 2년 미만 40%	

에 양도소득세가 아니라 소득세로 세금을 낸다. 일반 매매로 투자하는 경우 몇 개월 뒤 매도하기 위해 사는 경우는 흔치 않은데 유독 공매는 바로 팔고 싶어 하는 이들이 많다. 샀다가 팔기만 하는데 연봉만큼 벌 수 있다면 마다할 이유가 없지 않은가?

부동산 양도소득세는 매매차익에서 공제되는 모든 비용을 제외하고 '과세표준 × 세율−누진공제'로 계산하며, 여기에 10%의 지방소득세가 붙는다. 만일 7,000만 원의 매매차익이 발생하고 비용을 공제해서 과세표준이 6,500만 원이라면, '6,500만 원 × 24%(0.24)−576만 원=984만 원'이 양도소득세다. 여기에 984만 원(양도소득세)의 10%인 98만 4,000원의 지방소득세를 더해 총 1,082만 4,000원을 내면 된다. 이 정도 세금은 7,000만 원의 급여를 받는 것과 세 부담이 같고, 비과세이거나 장기보유공제를 받지 못한다면 양도소득세로 낼

[6−8] 양도소득세와 지방소득세

과세표준	양도소득세	지방소득세	수익
1,000만 원	1,000만 원×0.06=60만 원	6만 원	934만 원
2,000만 원	2,000만 원×0.15−126만 원=174만 원	17만 4,000원	1,808만 6,000원
3,000만 원	3,000만 원×0.15−126만 원=324만 원	32만 4,000원	2,643만 6,000원
4,000만 원	4,000만 원×0.15−126만 원=474만 원	47만 4,000원	3,478만 6,000원
5,000만 원	5,000만 원×0.15−126만 원=624만 원	62만 4,000원	4,213만 6,000원
6,000만 원	6,000만 원×0.24−576만 원=864만 원	86만 4,000원	5,049만 6,000원
7,000만 원	7,000만 원×0.24−576만 원=1,104만 원	110만 4,000원	5,785만 6,000원
8,000만 원	8,000만 원×0.24−576만 원=1,344만 원	134만 4,000원	6,521만 6,000원
9,000만 원	9,000만 원×0.35−1,544만 원=1,606만 원	160만 6,000원	7,233만 4,000원
1억 원	1억 원×0.35−1,544만 원=1,956만 원	195만 6,000원	7,848만 4,000원

수 있는 가장 적은 금액이다.

소득이 있는 곳에 당연히 세금이 있다. 1주택자 비과세에 익숙한 우리는 양도소득세를 내는 것이 아깝게 느껴진다. 1주택자에게 양도소득세가 비과세되는 것은, 다른 세금과는 달리 오랜 기간에 의해 형성되는 소득에 대한 세금이면서 거주와 연관이 깊기 때문이다. 올해 3억 원을 벌었다면 소득세는 9,406만 원이다. 그런데 10년 전에 산 집을 오늘 팔아 3억 원의 매매차익이 생겼다고 해보자. 10년간 보유하다가 올해 팔았다고 올 한 해 소득이 3억 원이라고 보기에는 무리가 있는 것이다.

◎ 양도소득세가 아니라 소득세로 내는 부동산매매사업자

단기 매도를 목표로 한다면 부동산매매사업자의 특징에 대해 알아야 한다. 부동산매매사업자가 비사업자와 다른 점은 다음과 같다.

① 예정신고와 소득이 발생한 다음 연도에 종합소득세를 신고해야 한다.
② 종합소득세 신고로 인한 소득은 4대 보험을 신고하는 소득으로 활용된다.
③ 국민주택 규모(전용면적 85m²)를 초과하는 주택을 매도할 때 부

가가치세가 과세된다.

④ 비용 인정 범위가 넓다.

부동산매매사업자는 양도소득세가 아니라 소득세로 세금을 내기 때문에 단기 매도 시 유리하고 비용 공제 범위가 넓다. 수리비와 증빙 가능한 사업 지출, 매도할 때까지 납부한 이자까지 비용에 포함시킬 수 있다. 다만 종합소득세를 낼 때 매매차익이 소득에 합산된다. 연봉이 1억 원인 사람이 부동산매매사업자로 1년 동안 매매차익 1억 원을 신고하면 연봉 2억 원에 해당하는 소득세를 내야 한다. 또한 겸업이 금지된 직장에 다니는 경우 다른 수익활동이 엄격하게 금지되기 때문에 부동산매매사업자를 할 수 없다.

부동산매매사업자도 취득세는 중과 규정을 적용받는다. 주택 취득세는 개정된다는 이야기가 있었으나 아직 중과가 적용 중이다. 취득세 중과 없이 부동산매매사업자를 하려면 비규제지역 1주택자로서 1채(전용면적 84㎡ 이하)를 사고팔기를 반복하며 2주택을 유지하거나, 3주택부터는 공시가격 1억 원 이하의 주택/비주택을 매수해야 한다.

부동산매매사업자는 양도소득세 중과와 종합소득세를 비교한다. 종합소득세 계산 방식을 적용했을 때와 양도소득세 중과를 적용했을 때의 세액 중 큰 금액으로 과세한다. 양도소득세가 중과되는 물건은 부동산매매사업자가 의미 없다는 뜻이다. 수도권 대부분이 규제지역이었을 때 부동산매매사업자는 의미가 없었다. 하지만 2024년 9월 현재 용산구, 강남구, 서초구, 송파구를 제외하면 대부분 규제가 해제되었고 경·공매 물건은 싸게 낙찰되고 있어 1주택자가 1채 정도를 사고파는 건 부동산매매사업자를 활용할 만하다.

부동산 시장은 우리의 바람이나 정책의 방향과 무관하게

'시장의 논리'로 흘러간다.

우리에게 필요한 것은 현상을 파악하고 용기를 내어

선택하는 일뿐이다.

7장

공매 고수의
노하우

_____

_____

공매로 낙찰받아
경매로 팔기

◎ 근저당이 인수되는 물건에 입찰해도 될까?

경매는 낙찰 이후 근저당이 모두 말소된다. 일반 매매의 경우 채권을
설정한 등기권자가 등기말소 신청을 하는 것이 아니라면, 등기사항
전부증명서에 남아 있는 채로 매수자는 부동산을 취득하게 된다. 등
기사항전부증명서에 남아 있는 권리의 말소는 매수자가 하는 것이
다. 일반 매매와 비슷하게 신탁재산 공매는 신탁회사와 매매계약을
체결하는데, 계약 시 등기사항전부증명서상 인수하는 권리가 있는
지 반드시 확인이 필요하다.

신탁재산 공매로 처분되는 부동산 중에 근저당권이 설정된 주택
이 가끔 있다. 이렇게 등기사항전부증명서상에 근저당권이 설정되

어 있다면, 신탁회사가 매매계약 시 근저당권을 소멸시키겠다고 조건을 두지 않는 한 낙찰자가 인수하게 된다. 이처럼 근저당권이 설정되어 있는 채로 신탁재산 공매가 진행되는 이유는 무엇일까? 돈을 빌려줄 때는 채무자가 상환하지 못했을 때 담보를 매각하여 채권을 회수할 수 있도록 권리를 설정한다. 그런데 먼저 담보권리를 설정한 채권자가 있다면 뒤늦게 빌려주는 입장에서는 불안할 수밖에 없다. 부동산의 가치가 하락하거나, 예상치 못한 선순위 권리자가 부동산 처분 절차에서 먼저 배분을 받아갈 수도 있기 때문이다. 만약 채무자가 그 부동산에 손을 대지 못한다면 부동산만 믿고 더 많은 돈을 빌려줄 수 있을 것이다.

이런 사유로 등장한 것이 신탁담보대출이다. 금융기관이 믿을 수 있는 신탁회사가 채무자의 부동산을 소유하고 있다면, 안심하고 부동산의 가치만큼 돈을 빌려줄 수 있다. 금융기관은 돈을 많이 빌려주고 이자를 많이 받을수록 이익이 크다. 해당 부동산에 근저당권이 먼저 설정되어 있다 해도, 신탁회사로 소유권이 이전되면 신탁회사를 믿고 부동산의 잔존담보가치만큼 대출을 해줄 수 있는 것이다.

주택을 취득할 때 금융기관으로부터 시세 50% 정도의 대출만을 이용했다고 하자. 그런데 차후에 자금이 필요해서 부동산의 잔존담보가치를 담보로 신탁담보대출을 추가로 실행했다. 앞선 대출이 있고 후순위로 신탁담보대출을 했기 때문에 이런 경우 선순위 근저당이 인수되는 사건이다.

만약 채무자가 금융기관에 이자와 원금을 제때 갚지 못하면, 금융기관은 신탁회사에 요청하여 채무자가 맡긴 부동산을 처분해달라고 요청한다. 이런 이유로 온비드에 근저당권이 설정되어 있는 신탁재산 공매 물건이 등장한다.

◉ 신탁재산 공매와 경매가 함께 진행될 때

근저당권자와 신탁담보대출을 해준 금융기관이 이자를 받지 못하게 되면 부동산 처분 절차를 진행한다. 근저당권자는 법원에 임의경매를 신청할 것이다. 신탁회사는 온비드를 이용해서 신탁재산 공매로 처분을 진행할 것이다. 같은 시점에 처분 절차를 시작한다면, 경매와 신탁재산 공매 중 어떤 절차가 먼저 진행될까? 일반적으로 경매는 경매개시결정등기 이후에 첫 매각기일까지 약 6개월이 소요된다.

한편 신탁재산 공매는 등기사항전부증명서상 소유자인 신탁회사가 업무를 처리하기에 훨씬 더 짧은 기간에 처분이 가능하다. 경매는 1회 유찰되어 다음 매각기일이 도래하기까지 1개월 이상이 소요된다. 반면 신탁재산 공매는 하루에도 2회 이상 유찰되기도 한다. 이처럼 신탁재산 공매는 진행이 빠르다 보니 근저당권자가 임의경매를 신청하기 전후에 공매로 소유자가 바뀔 수 있다.

신탁재산 공매로 낙찰을 받은 사람은 근저당권과 경매개시결정등기를 어떻게 처리하게 될까? 신탁재산 공매 낙찰자는 등기상의 권리를 그대로 인수한다. 낙찰을 받아도 등기사항전부증명서에 근저당권과 경매개시결정등기는 그대로 남는다. 낙찰자가 근저당권자에게 채무를 이행해야 하며, 경매가 계속해서 진행되어 소유권도 바뀔 수 있다.

신탁재산 공매로 입찰할 때, 인수하는 근저당권만큼 저렴하게 취득하여 취득 시 들어가는 실투자금을 줄일 수 있다. 그러려면 근저당권 실제 금액이 얼마이고 신탁재산 공매 물건이 어느 정도 금액까지 유찰될 수 있는지 확인이 필요하다. 낙찰 후에는 경매를 신청한 근저당권자에게 채권을 변제해줘야 한다. 그러지 않으면 경매로 매각되어 소유권을 잃게 된다. 물론 부동산의 가치가 상승하거나 신탁재산 공매로 저렴하게 취득했다면, 〈7-1〉의 사례와 같이 경매로 매각하여 수익을 실현할 수도 있다. 신탁재산 공매 공고문을 보면 인수하는 근저당권이 얼마인지 확인할 수 있다. 대부분은 이렇게 공고문을 통해서 공지하지만, 제대로 공지가 안 될 수도 있으므로 직접 등기사항전부증명서를 확인해야 한다.

⊙ 대장 아파트 낙찰받아 1억 원의 수익을

2020년에 경기도 남양주시 다산신도시에 소재한 대장 아파트가 신

[7-1] 경매와 신탁재산 공매가 함께 진행된 사례

상세입찰결과			
물건관리번호	2020-0	기관명	신탁 주식회사
물건명	경기도 남양주		
공고번호		회차 / 차수	012 / 001
처분방식	매각	입찰방식/경쟁방식	최고가방식 / 일반경쟁
입찰기간	2020-07-27 14:00 ~ 2020-07-27 16:00	총액/단가	총액
개찰시작일시	2020-07-28 14:31	집행완료일시	2020-07-28 14:31
입찰자수	유효 2명 / 무효 2명(인터넷)		
입찰금액			
개찰결과	낙찰	낙찰금액	274,990,000원
감정가 (최초 최저입찰가)	662,000,000원	최저입찰가	249,291,138원
낙찰가율 (감정가 대비)	41.54%	낙찰가율 (최저입찰가 대비)	110.31%

탁재산 공매에 나왔다. 근저당권을 인수하는 조건이었다. 시세가 6억 원대인데 2억 원대 후반까지 유찰되었다. 채권최고액이 4억 원에 달하는 근저당권이 설정되어 있었기 때문이다. 법인 대표인 내 의뢰인은 이 아파트를 2억 원 후반에 법인으로 낙찰받았다. 낙찰 당시는 2020년 6·17 부동산대책으로 부동산매매사업자의 주택담보대출이 전면 금지된 때였다. 게다가 같은 해 8월 12일부터는 법인의 취득세 중과도 적용될 예정이었다. 중과되기 전에 가까스로 잔금을 납부해서 일반 세율로 취득했다.

낙찰 후 의뢰인과 함께 신탁회사 본사로 가서 매매계약서를 작성했다. 신탁재산 공매로 낙찰을 받으면 신탁회사에서 정한 기간에 계약서를 작성하고 계약 직후 직접 부동산거래신고를 해야 한다. 30일 이내에 부동산거래신고를 하지 않으면 신탁회사가 부담하는 과태료까지 낙찰자가 납부해야 할 수 있다.

신탁재산 공매의 경우 중개사 없이 매도자와 직거래를 하는 것이다. 그래서 부동산거래신고 때 '중개거래'가 아니라 '직거래'로 거래유형을 표시한다. 시세보다 눈에 띄게 낮은 금액의 거래가 있다면 신탁재산 공매와 같이 직거래가 된 경우일 수 있다.

이 아파트의 취득으로 시세의 반도 안 되는 자본으로 당시의 부동산 시장 상승에 따른 이익을 얻을 수 있었다. 근저당권을 인수하지만 대출이 금지된 환경에서 대출을 받은 효과도 얻을 수 있었다. 물론 근저당권을 인수한다고 해서 채무자 명의를 낙찰자로 변경하여 근저당권자와 대출계약서를 다시 작성하는 것은 아니다.

그런데 이렇게 가치 상승을 누릴 기회를 준 근저당권은 소유권을 상실할 위험도 안겨주었다. 인수된 근저당권자가 낙찰 물건을 경매 신청한 것이다. 사실 신탁재산 공매로 취득할 당시부터 등기사항전부증명서상에 경매개시결정등기가 기입되어 있었다. 경매가 진행된다는 사실을 알고서 낙찰을 받은 것인데, 소유자가 점유하는 물건이라 소유자로부터 아파트를 인도받기만 하면 전세를 놓아서 근저당권자에게 지고 있는 채무를 모두 이행할 수 있기 때문이었다.

전세가가 5억 원에 달했기 때문에 대출 원금에 이자까지 변제하고도 투자금을 절반 가까이 회수할 수 있었다. 문제는 명도가 제때 되지 않으면 경매로 다른 사람에게 소유권을 넘겨야 할 수 있다는 점이었다. 위험 가능성은 곧잘 현실이 되곤 한다. 실제로 명도가 지연

[7-2] 경매에더 나온 다산신도시 아파트

되면서 어느새 매각기일에 이르렀다. 낙찰 이후 3개월 정도 흐른 상태였고, 상승기의 대장 아파트답게 지역에서 가장 먼저 1억 원 이상의 시세 상승이 일어났다. 시세가 상승하는 바람에 선택지가 많아졌다. 공매 낙찰가보다 경매 낙찰가가 충분히 높아 수익이 난 금액이라, 전행 중인 경매를 취하하지 않았다. 공매로 낙찰받은 물건을 단기에 매도하고 수익을 실현할 수 있게 된 것이다. 법인의 장점이 단기에 매도해도 개인만큼 매매차익에 중과세율이 적용되지 않는 것이다. 만약 기대한 것보다 낮은 금액에 낙찰되면 자금을 마련하여 대출금을 갚아 취하할 수 있다. 결과적으로 이 아파트는 1억 원 이상의 차익을 낼 수 있는 금액에 낙찰되어 단기에 알찬 수익을 낼 수 있었다.

압류재산 공매로 신통기획 토지거래허가구역을 뚫어라

나땅

토지거래허가구역에서는 일정 조건을 넘어가는 계약을 하려면 시장, 군수, 구청장의 허가를 받아야 한다. 토지거래허가구역은 현재 신속통합기획(서울시가 재건축 계획 단계부터 신속한 사업 추진을 지원하는 정책) 후보지, 예정지, 선정지 그리고 공공재개발 후보지, 주요 재건축 단지 등이다.

토지거래를 자유롭게 못하도록 하는 이유는 투기세력을 막기 위해서다. 왜 투기세력이 투자를 하지 못하게 하는 것일까? 부동산 가격이 오를 여지가 크기 때문이 아닐까? 한 마디로 토지거래허가구역은 투자가치가 높다는 뜻이다. 이 같은 토지거래허가구역을 토지거래허가 없이 취득하는 방법이 바로 경·공매다. 단, 모든 공매가 토지거래허가가 필요치 않은 것은 아니다. 경·공매가 어떤 법을 근거

용도지역		허가를 요하는 면적
도시지역	주거지역	60m² 초과
	상업지역	150m² 초과
	공업지역	150m² 초과
	녹지지역	200m² 초과
	용도 미지정	60m² 초과

로 진행되는지에 따라 다르다. 경·공매 중 토지거래허가를 받지 않아도 되는 사유는 다음과 같다.

① 민사집행법에 의한 경매: 민사집행법상 경매에는 집행권원에 기하여 행하는 강제경매와 담보권 실행을 위한 경매, 그리고 오로지 특정 재산의 가격 보존 또는 정리를 위하여 하는 경매 세 가지가 있다.

② 국유재산법 제12조의 규정에 의한 국유재산을 일반경쟁입찰로 처분하는 경우

③ 공유재산 및 물품관리법 제10조에 따른 공유재산을 일반경쟁입찰로 처분하는 경우

④ 국세 및 지방세의 체납처분 또는 강제집행의 경우

⑤ 한국자산관리공사가 '금융기관부실자산 등의 효율적 처리 및 한국자산관리공사의 설립에 관한 법률' 규정에 따라 토지 취득 및 경쟁입찰을 거쳐 매각하거나 3회 이상 공매하여 유찰된 토

지 매각의 경우

공매로 토지거래허가구역을 허가 없이 낙찰받을 수 있다. 특히 서울
재개발지역은 신속통합기획으로 진행되면 토지거래허가구역으로
묶이는데, 실거주용이 아니면 토지거래허가가 나지 않는다. 또한 다
주택자는 허가가 나지 않는다. 다주택자들은 신속통합구역 같은 좋
은 투자처에 항상 투자하고 싶어 하지만, 주택이 많으면 허가가 나지
않고 다주택자가 아니라도 실거주 의무를 이행하기 위해 이사를 가
는 것은 온 가족의 동의가 필요한 일이다. 그런데 토지거래허가구
역이라도 압류재산 공매로 낙찰되면 거주하지 않고 전세를 놓을 수
있다. 지방 거주자가 신속통합구역에 투자할 수 있는 방법이 되기도
한다.

나땅의 쏠쏠 정보

신속통합기획 물건 고르는 방법

1. 아실에 접속해 지도에서 구역계 안의 경 · 공매 물건 검색
2. 토지이용계획안 열람
3. 입주권이 나오는지 확인

[7-4] 경매와 공매 물건이 함께 표시되는 아실 지도

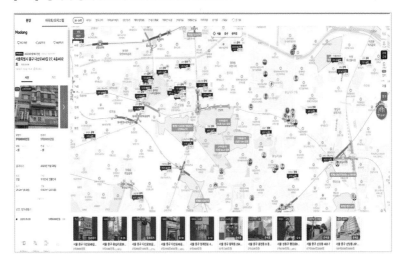

〈7-4〉를 보면, 서울시 중구 신당동의 모아타운 1차 122-3 일원구역 안에 있는 연립주택이 경매로 진행 중이다. 검은색으로 주변의 경매와 공매 물건이 모두 표시된다. 정비구역 안에서 공매가 진행될 경우 크기를 키워서 잘 봐야 한다. 보기에는 정비구역 안에 있는 것 같지만 축척을 키워보면 아닌 경우도 있다.

남들이
못하는 걸 하라

⊙ 신탁재산 공매에 빌라 물건이 많은 이유

신탁담보대출은 더 많은 한도로 대출을 실행할 수 있는 방법이다. 돈을 빌려주는 사람은 돈을 빌리는 사람을 온전히 믿을 수 없다. 돈을 빌리는 채무자가 담보 대상물을 소액임차인에게 임대할 수도 있고, 직원들에게 급여를 제때 주지 않아서 임금채권자의 채권이 등기에 한가득 설정될 수도 있다. 그런데 신탁담보대출은 채무자가 담보물의 소유권을 신탁회사에게 이전하는 조건이다. 그러므로 LTV 조건을 완화하여 대출을 해주는 것이다.

빌라를 지을 때는 토지를 담보로 신탁담보대출을 받을 수 있다. 토지를 담보로 일으킨 대출로 건물을 건축하고, 이렇게 완성한 빌라

각 세대의 소유권은 신탁회사가 가지게 된다. 일반적으로 신탁회사가 소유하고 있는 상태에서 분양을 한다. 그런데 빌라가 분양되지 못하고 대출 만기일이 지나도록 대출금을 갚지 못하면, 돈을 빌려준 금융기관이 신탁회사에 신탁재산 공매를 신청한다.

금융기관의 의뢰를 받은 신탁회사는 온비드를 이용하여 공매 처분을 진행하게 된다. 분양을 1건도 하지 못했다면 건물 전체가 공매로 진행될 수 있다. 일부 분양된 세대가 있다면, 이를 제외하고 나머지가 매각 진행될 것이다. 신탁담보대출로 건축된 빌라가 분양이 안 되어 신탁재산 공매로 진행되는 물건이 상당히 많다.

⊙ 일괄매각과 개별매각 구분하기

신탁재산 공매는 여러 물건의 소유권을 1명의 낙찰자에게만 이전하는 일괄매각, 그리고 1개 부동산을 1명의 낙찰자에게 매각하는 개별매각으로 진행할 수 있다. 일괄매각인 줄 알았는데 알고 보니 개별매각인 경우가 있는데, 체감 금액이 크기 때문에 입찰가를 보고 1개의 부동산으로 착각할 수 있기 때문이다. 조건만 맞는다면 저렴한 금액에 여러 개의 물건을 한 번에 취득할 수 있기 때문에 높은 수익률을 낼 수 있다.

⊚ 건축물의 용도 확인하기

건물의 높이를 7층까지 지을 수 있는 2종 일반주거지역의 대지가 있다. 이 대지에 다세대주택을 건축한다면 4층까지만 지을 수 있다. 땅의 용도를 보면 7층까지 지을 수 있다고 하는데 다세대주택은 4층밖에 짓지 못하니, 4층까지는 다세대주택으로 건축하고 5층부터 7층은 업무시설로 건축할 수 있다. 이렇게 주거복합건물을 지을 수 있다. 주거복합건물이란 말 그대로 하나의 건물이 여러 용도를 가진 집합건물이다. 이처럼 주택과 사무소가 복합된 물건은 용도를 구분해서 시세 조사를 잘해야 한다.

다세대주택과 근린생활시설이 복합된 건축물이 적지 않다. 주택과 사무소가 혼합된 집합건물에서 근린생활시설로 허가받은 물건의 용도를 제대로 확인하지 않고 낙찰받으면 전세를 놓지 못할 수 있다. 사무소는 주택이 아니기 때문에 임차인이 전세대출을 받지 못하기 때문이다. 매매 또한 쉽게 되지 않는다. 그렇다고 사무소 용도를 주택으로 바꾸는 것은 불가능하다. 주차장 요건을 충족해야 하기 때문이다.

온비드에서 간혹 용도가 실제와 다르게 표기되는 경우가 있다. 주거복합건물이 그런 경우다. 주거복합건물 전체가 신탁재산 공매로 진행될 때 일부 세대가 사무소라는 이유로 전체 물건을 사무소로 표기하여 매각하기도 한다. 사무소로 분류되어 있지만 실제는 다세대

부동산 공매의 정석

주택인 경우다. 자세히 살펴보지 않은 입찰자들은 이런 물건을 찾지 못할 것이다. 이렇게 용도를 잘 살펴보면 진흙 속의 진주를 발견할 수 있게 된다.

⊙ 7채가 한꺼번에 신탁재산 공매로 나온 연립주택 낙찰받기

2022년에 경기도 안성시에 소재한 연립주택 7개 호가 신탁재산 공매로 진행되었다. 해당 물건이 소재한 지역의 다른 연립주택 공매 물건을 3억 원 프로젝트 강의 수강생들과 임장을 했기에 7개 호의 신탁재산 공매 물건은 많은 관심을 받았다. 인근에 다수의 산업단지가 소재하고 임차 수요가 풍부하기 때문에 매매도 잘되고 전세는 금방 나갈 수 있었다. 낙찰가보다도 높은 금액에 전세를 놓을 수 있는 것이 특징이었다.

종잣돈이 적을 때는 단기간에 투자금을 늘릴 수 있는 물건을 취득하는 것이 방법이 된다. 전세가 이하에 낙찰받을 때는 전세가 이상에 매매 시세가 형성된 물건을 선택하는 것이 좋다. 최악의 경우에는 불렸던 투자금을 임차인에게 반환하고 원금만 회수하겠다는 전략으로 진행할 수 있다. 결국 7명이 모여 신탁재산 공매 입찰을 하기로 했다.

이 연립주택은 일괄매각으로 1명이 7개 호를 모두 계약해야 하는 물건이었다. 감정평가금액이 15억 원에 달하는데 약 8억 원까지 유

[7-5] 인근 연립주택의 실거래가

계약년월	건물명	전용면적(㎡)	금액	층	사용승인
2024년 6월	골든***	79.8	2억 원	3	2016년
2024년 5월	그랜***	75.1	2억 5,000만 원	4	2015년
2023년 5월	골든***	77.7	2억 1,000만 원	2	2016년
2022년 12월	골든***	77.7	2억 3,000만 원	2	2016년
2022년 11월	골든***	77.7	2억 3,000만 원	2	2016년
2021년 9월	골든***	79.9	2억 3,900만 원	2	2016년
2021년 8월	골든***	77.7	2억 4,000만 원	5	2016년
2021년 7월	골든***	79.8	2억 2,000만 원	3	2016년
2021년 6월	골든***	79.9	2억 3,000만 원	3	2016년

찰되었다고는 하지만 한 번에 낙찰받기에는 금액이 컸다. 한 사람이 낙찰받아 중과세율을 적용받고도 차익을 낼 수 있었지만 큰 금액을 한 번에 투자하는 것은 부담이 되었다.

신탁재산 공매에서 매각 조건은 돈을 빌려준 채권자의 결정에 따라 달라질 수 있다. 실행력 있는 회원 한 분이 신탁회사에 연락을 취해서 혹시 7인이 각자 1개 호씩 개별매각으로 진행하는 것은 안 되는지 문의했다. 신탁회사와 채권자로부터 받은 답변은 "불가능하다"였다.

그렇지만 한 달 가까이 지나도록 이 연립주택은 아무도 입찰하지 않았다. 채권자 입장에서는 시간이 지날수록 대출금을 회수하는 것이 중요해진다. 이런 상황에서 다시 한 번 채권자와 연락을 취했고 개별매각하겠다는 답변을 받았다. 절차는 좀 더 복잡해지지만 설득

[7-6] 수의계약 금액

계약년월	건물명	전용면적(㎡)	금액	층	사용승인
2022년 12월	엘리**	78.8	1억 2,334만 원	5	2017년
2022년 12월	엘리**	79.9	1억 2,489만 원	5	2017년
2022년 12월	엘리**	78.8	1억 2,334만 원	6	2017년
2022년 12월	엘리**	79.9	1억 2,489만 원	6	2017년
2022년 12월	엘리**	79.9	1억 2,489만 원	5	2017년
2022년 11월	엘리**	78.8	1억 2,334만 원	6	2017년
2022년 11월	엘리**	78.8	1억 2,334만 원	5	2017년

과 협상을 통해서 불가능을 가능으로 바꾸어낸 사례다.

그렇게 7개 호 일괄매각 조건이라 유찰이 많이 된 물건을 개별매각 조건으로 1개 호씩 수의계약하여 소액으로 큰 수익을 볼 수 있었다. 3억 원 프로젝트의 시작을 용기 있는 7명이 알찬 물건으로 함께할 수 있었다.

〈7-6〉에서 보듯이 7명이 각각 신탁회사와 계약을 체결하고 부동산거래신고를 했다. 인근의 빌라들은 2억 원대에 거래되고 있었는데 신축 빌라를 경쟁이나 명도 없이 7,000만 원 이상 싸게 취득한 것이다.

보증금 인수되는 물건으로 수익 내기

2,000만 원으로 대출 없이 1억 원의 아파트를 낙찰받을 수 있다. 대항력 있는 임차인의 보증금을 인수하여 당장 큰돈을 들이지 않고 소유권을 취득할 수 있는 것이다. 예를 들어 시세 1억 원인 아파트에 대항력 있는 임차인이 보증금 5,000만 원에 전세로 거주하고 있다. 해당 아파트에 압류재산 공매가 진행되었는데 임차인이 배분 요구를 하지 않았다. 그러면 이 아파트는 5,000만 원 이하(매매가 − 임차인 보증금)로 유찰될 때까지는 매각되지 않을 것이다. 낙찰 금액과 별도로 5,000만 원의 보증금을 임차인에게 변제해야 하기 때문이다.

이 물건이 계속 유찰되어 2,000만 원에 낙찰되었다고 가정해보자. 낙찰자는 최종적으로 7,000만 원에 해당 물건을 취득하게 되는 것이다. 소유권을 취득하기 위해 당장 필요한 금액은 낙찰가 2,000만 원에 부대비용뿐이다. 매매가와 전세가의 차이에 해당하는 자금으로 부동산을 취득하는 갭투자와 동일하다.

경기도 파주시에 소재한 감정평가금액 2억 2,000만 원의 아파트가 2022년 8월에 7,351만 원에 낙찰된 적이 있다. 이 아파트는 전세권이 설정되어 있었고, 설정금액은 1억 8,000만 원이었다. 낙찰자는 2억 5,351만 원(전세 1억 8,000만 원 + 낙찰가 7,351만 원)에 부대비용을 더한 금액으로 낙찰을 받은 것이다. 해당 아파트는 2억 9,000만 원에도 거래되고 있었기 때문에 시세 대비 약 4,000만 원 저렴한 금액에 대출 없이 7,351만 원으로 낙찰을 받은 것이다.

전세보증금을 인수하는 것은 종잣돈이 적을 때 시도해볼 수 있는 투자 방법이다. 전세권자의 보증금은 전세권자가 퇴거를 할 때 반환하면 되기 때문이다. 이 파주 아파트의 공매 절차에서 전세권자는 배분 요구를 하지 않았다. 당시 전세는 2억 5,000만 원에도 거래되었기 때문에 새로운 전세계약을 체결한다면 새로운 임차인에게 받은 전세 보증금으로 기존 임차인의 보증금 1억 8,000만 원을 변제할 수 있다. 아울러 투자금 또한 상당 금액을 회수할 수 있게 된다.

대항력 있는 임차인의 보증금을 인수하는 물건은 신탁재산 공매를 통해서 취득할 수 있다. 3억 원 프로젝트 강의를 수강한 회원이 경기도 추천 물건인 안성시 빌라를 신탁재산 공매로 낙찰받았다. 해당 물건을 추천한 이유는 상대적으로 적은 종잣돈으로 대출 없이 수익을 낼 수 있기 때문이었다.

⊙ 4,600만 원으로 갭투자를

경기도 안성시에 소재한 시세 약 1억 4,000만 원의 빌라가 4,600만 원대까지 유찰되었고, 우리 회원이 최저가로 단독 낙찰을 받았다. 이렇게 저렴한 금액에 낙찰된 이유는 인수하는 임차인의 보증금 5,500만 원이 있었기 때문이다. 신탁재산 공매 물건은 임차인의 보증금을 인수하지 않는 경우도 있지만, 신탁회사를 통해 정당하게 계약한 임차인의 경우 임차인에 대한 보증금 반환 의무가 있는 경우도 있다.

이 빌라는 임대인이 신탁담보대출을 실행하기 전에 임차인과 계약을 체결했던 물건이다. 이렇게 임대차계약이 신탁등기 이전에 이루어진 경우는 낙찰자가 임차인의 보증금을 인수하게 된다. 신탁회사 또한 임차인의 보증금을 파악해둔 상태였고, 등기상의 소유자는 신탁회사였기 때문에 보증금 반환 의무는 신탁회사에 있는 상태였다. 소유권이전등기를 위해서는 신탁회사로부터 부동산매매용 인감증명서를 받아야 한다. 그런데 임차인의 보증금을 낙찰자가 변제한다는 합의서를 임차인으로부터 받아오지 않으면 인감증명서를 낙찰자에게 교부하지 않겠다고 공지했다. 신탁회사는 낙찰자가 임차인에게 보증금을 반환하지 않아 임차인이 신탁회사에 보증금 반환을 요청할 경우를 대비하여 해당 서류를 계약 조건으로 내세운 것이다.

입찰 전에 임차인과 만나 보증금 반환을 약속하고, 새로운 임차인을 찾는 대로 보증금 반환을 할 것을 약정하면서 합의서를 지급해줄

[7-7] 안성 빌라의 신탁재산 공매 입찰 결과

▌상세입찰결과			
물건관리번호	2019-10	기관명	신탁(주)
물건명	경기도 안성		
공고번호		회차 / 차수	010 / 001
처분방식	매각	입찰방식/경쟁방식	최고가방식 / 일반경쟁
입찰기간	2023-09 2023-09	총액/단가	총액
개찰시작일시	2023-09-25 09:34	집행완료일시	2023-09-25 09:35
입찰자수	유효 1명 / 무효 0명(인터넷)		
입찰금액	비공개		
개찰결과	낙찰	낙찰금액	46,800,000원
감정가 (최초 최저입찰가)	166,000,000원	최저입찰가	46,800,000원
낙찰가율 (감정가 대비)	28.19%	낙찰가율 (최저입찰가 대비)	100%

수 있는지 물었다. 임차인은 보증금만 돌려받을 수 있다면 기꺼이 약정을 하겠다는 답변을 주었다. 만약 임차인이 보증금을 받지 않고 계속 점유하겠다고 하면, 반환할 보증금을 법원에 공탁한다.

그런데 막상 낙찰이 되자 임차인은 이사 갈 집을 찾기 어렵다는 이유로 합의서를 줄 수 없다고 입장을 변경했다. 보증금을 지급할 의사가 분명히 있고, 이사만 간다면 집을 비우는 즉시 보증금을 반환해 드릴 수 있다고 했지만 임차인은 좀처럼 합의서를 지급할 수 없다고 했다. 인근 주민을 통해서 전세사기 사례를 들었기 때문에 합의서를 함부로 줄 수 없다는 것이다. 합의서를 주었는데 낙찰자가 마음이 바뀌어 보증금을 반환하지 않을 것을 염려한 탓이었다.

신탁회사 또한 합의서를 받아오지 못하자 당황했다. 신탁회사에서 임차인에게 연락을 해보기로 했고, 그렇게 신탁회사와 공조하여 명도 합의에 이를 수 있었다. 임차인과 명도합의서를 작성하고 공증을 받았다. 2개월 이내에 이사를 갈 것이며, 이사 당일에 보증금을 반환하겠다는 약정이었다.

자칫 보증금을 공탁하고 명도소송을 진행할 뻔했으나 임차인에게 상황을 충분히 설명하고 보증금을 반환받을 수 있다는 합의서와 공증까지 받아둔 덕에 명도를 좀 더 빠르게 완료할 수 있었다. 이후 보증금 1억 1,900만 원에 전세를 놓아 투자금 전액을 회수했다. 해당 빌라는 산업단지 및 중견기업 바로 인근이라 임차 수요가 꾸준하다. 현재는 투자자 및 잠재 실수요자에게 1억 4,000만 원 내외로 매도를 진행하고 있다.

부동산 공매의 정석

당신에게 최고의 순간은 아직 오지 않았다.

희망이 없다고 느끼는 순간에도

우리에게는 늘 선택할 것들이 있고

선택할 수 있는 한 희망은 사라진 게 아니다.

세상에는 당신이 미처 생각하지 못한 좋은 일들이 숨어 있다.

그것을 찾으려고 애쓸 때 바로 그 일이 일어난다.

가장 좋은 것에
먼저 투자하라

| 나땅 |

공매 투자를 하는 사람은 두 종류가 있다. 이미 부동산 투자를 하다가 공매 투자로 포트폴리오를 늘려가는 경우와 부동산 투자를 공매로 시작하는 경우다. 내가 만나는 분들은 대부분이 후자다. 그런데 부동산에 대한 이해 없이 공매의 기술만 안다고 투자를 할 수 있을까? 우리가 공매 투자를 하려는 이유는 부자가 되기 위해서다. 부자가 되는 방법은 많으나 공매로 자산을 늘려가기 위해서는 그 재료인 부동산에 대한 이해가 필요하다.

재료가 좋으면 아무 양념 없이도 좋은 맛을 내는 것처럼, 공매도 좋은 부동산을 낙찰받았다면 특별한 기술이 없이 수월하게 수익이 난다. 좋은 부동산이란 같은 기간, 같은 투자금으로 더 많은 가치 상승을 하면서 매도가 수월한 것을 말한다. 부동산은 필수재이면서 투자재이기도 하기에 꼭 필요하지만 가격이 떨어질 것 같으면 아무도 사려고 하지 않는다.

부루마불은 자본주의 사회의 축소판인 보드게임이다. 게임에서 이기려면 적절한 현금흐름을 유지하면서 통행료를 많이 받아야 한다. 윷놀이 역시 윷이나 모가 많이 나와서 한 번에 크게 가면 이기기가 수월하다. 그러나 큰 말이 나오지 않아도 말을 어떻게 놓는가에 따라 게임의 승패가 갈리기도 한다. 사업으로 많은 돈을 벌어서 부자가 되는 방법도 있지만, 적은 돈을 잘 운영하여 부자가 된 평범한 사람들이 적지 않다.

윷놀이의 룰만 잘 안다고 이기는 것은 아니다. 말을 놓을 때 성공 확률을 높이면서 위험을 줄이는 요령을 알아야 한다. 가령 두 칸을 갈 수 있는 개가 나오면 우리는 새로 말을 달지 않는다. 개는 너무 자주 나오는 말이기 때문에 상대방에게 잡힐 가능성이 크고, 내가 잡힘으로써 상대방이 한 번 더 나아갈 수 있는 디딤돌이 되기 때문이다. 개가 나오면 두 칸을 가야 하는 것은 룰이고, 두 칸을 어떻게 가는지는 요령이다. 우리는 부동산 투자에 존재하는 요령을 알아야 하지 않을까?

부동산 초보인 네 분을 만났는데 세 분은 부자가 될 목적으로 투자를 했고, 한 분은 전세를 보러 갔다가 매매 물건만 있어서 본의 아니게 집을 샀다. "매매 물건은 있는데 구경이나 해보실래요?"라는 말에 아파트를 보러 갔다가 너무 마음에 들어서 부모님의 도움을 받아 매수했다고 한다. 이분은 집값이 11억 원이나 올라 현재는 근린생활주택을 보유하고 있으며 노량진뉴타운 조합원이 되었다. 그렇다면 돈을 벌 목적으로 적극적인 투자를 한 세 분은 어찌 되었을까?

돈을 벌겠다는 목적이 분명했으니 결과가 더 좋아야 할 것 같지만 그렇지 않다. 세 분 모두 본인이 사는 아파트로는 손해를 보지 않았다. 하지만 돈을 벌 목적으로 투자한 부동산에서는 수익을 보지 못했거나 손해를 보았다. 물건 자체에 문제가 있는 것이다. 지식산업센터 기숙사, 다가구주택, 복층 오피스텔이다. 분명 매수할 때는 이유가 있었고 확신이 들어서 결정을 했을 것이다. 초보는 아파트 투자가 가장 안전하다.

투자에 실패는 할 수 있다. 그런데 한 번 실패를 하고 나면 스스로의 선택을 불신하게 되어 다시 도전하기가 어려워진다. 윷놀이로 예를 들었듯이 확률적으로 더 위험하고 수익이 낮은 것이 있고, 보다 안전하고 성공 확률이 높은 투자가 있다. 부동산에서는 아파트 투자가 위험이 가장 적으면서 성공 확률이 높다. 꼭지를 잡지 않는 이상 어지간해서는 집 한 채를 사서 투자에 실패하는 경우는 드물다.

투자란 잘 안 돼도 견딜 수 있고, 수익을 볼 확률이 높은 것에 하는 것이다. 잘돼도 소액을 벌고, 잘 안 되면 탈출구가 없는 것은 하는 게 아니다. 나도 갭투자를 하던 시절 4채에서 한꺼번에 역전세가 나기 전에는 무척 긍정적이었다. 긍정적인 기대에는 근거가 필요하다.

부동산 투자를 처음 시작하는 사람은 아파트에 투자하고, 가장 좋

부동산 공매의 정석

은 것을 사도록 한다. 아파트에는 계급이 있는데 정직하게도 가격으로 등급이 매겨진다. 여러 가지 크기의 자갈로 그릇을 가득 채우는 방법을 보면 가장 큰 자갈부터 순서대로 넣어야 한다. 작은 자갈을 먼저 넣으면 나중에 큰 자갈들이 들어가지 않는다. 자산은 가장 크고 중요한 것을 먼저 세팅하고 작은 것을 나중에 채우면 가장 잘 채울 수 있다.

나땅, 빌리언의 한 권으로 끝내는

부동산 공매의 정석

제1판 1쇄 인쇄 | 2024년 10월 21일
제1판 1쇄 발행 | 2024년 10월 28일

지은이 | 이소라 · 김헌곤
펴낸이 | 김수언
펴낸곳 | 한국경제신문 한경BP
책임편집 | 윤효진
교정교열 | 김문숙
저작권 | 박정현
홍　보 | 서은실 · 이여진
마케팅 | 김규형 · 박정범 · 박도현
디자인 | 이승욱 · 권석중
본문디자인 | 디자인 현

주　소 | 서울특별시 중구 청파로 463
기획출판팀 | 02-3604-590, 584
영업마케팅팀 | 02-3604-595, 562　FAX | 02-3604-599
H | http://bp.hankyung.com　E | bp@hankyung.com
F | www.facebook.com/hankyungbp
등　록 | 제 2-315(1967. 5. 15)

ISBN 978-89-475-4979-0　03320